FACULTÉ DE DROIT DE PARIS

# THÈSE
## POUR LE DOCTORAT

*Présentée et soutenue*

PAR

## GEORGES LE MOIGN

PARIS

DE L'IMPRIMERIE DE J. CLAYE

7, RUE SAINT-BENOIT, 7

1869

FACULTÉ DE DROIT DE PARIS

# THÈSE POUR LE DOCTORAT

*L'acte public ci-après sera soutenu le 15 juillet 1869, à midi,*

## PAR GEORGES LE MOIGN

NÉ A GOUAREC (COTES-DU-NORD)

Avocat à la Cour Impériale de Paris

# DE L'ERREUR

## EN MATIÈRE CIVILE

D'APRÈS

### LE DROIT ROMAIN ET LE CODE NAPOLÉON

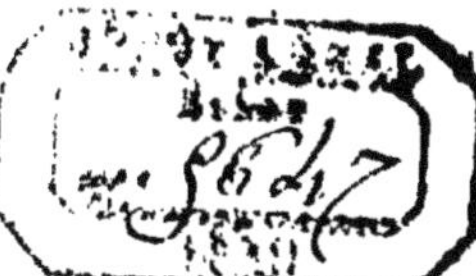

PRÉSIDENT : M. CHAMBELLAN.

SUFFRAGANTS :
MM. PELLAT,
COLMET D'AAGE,
DEMANTE,
DESJARDINS, agrégé.

} professeurs.

PARIS

IMPRIMERIE DE J. CLAYE

RUE SAINT-BENOÎT

1869

38620

A MON PÈRE ET A MA MÈRE

—

A MA TANTE, MADEMOISELLE LE GARREC

—

A MA FAMILLE

—

A MES AMIS

# DE L'ERREUR

## EN MATIÈRE CIVILE

D'APRÈS

### LE DROIT ROMAIN ET LE CODE NAPOLÉON

---

## INTRODUCTION.

« Errer, a dit Bossuet, c'est croire ce qui n'est pas;
ignorer, c'est simplement ne le savoir pas [1]. »

Si ces deux états d'imperfection de l'esprit humain,
qu'on appelle erreur et ignorance, se distinguent profondément l'un de l'autre au point de vue philosophique, il n'en
est pas ainsi au point de vue de la création des rapports juridiques, le seul qui doive nous occuper ici. Le droit civil romain et le Code Napoléon les tiennent pour si intimement
liés qu'ils les confondent et soumettent à une même règle
leurs effets, comme s'ils se rapportaient à une seule cause.
Aussi les jurisconsultes et les commentateurs ont-ils pu
justement leur donner une dénomination commune, tantôt
celle d'ignorance, tantôt, et de préférence, celle d'erreur.
— Qu'on nous permette, pour plus de brièveté, de suivre

---

1. *Connaissance de Dieu et de soi-même,* I, chap. XIV.

A MON PÈRE ET A MA MÈRE

—

A MA TANTE, MADEMOISELLE LE GARREC

—

A MA FAMILLE

—

A MES AMIS

# DE L'ERREUR

## EN MATIÈRE CIVILE

D'APRÈS

LE DROIT ROMAIN ET LE CODE NAPOLÉON

---

## INTRODUCTION.

« Errer, a dit Bossuet, c'est croire ce qui n'est pas; ignorer, c'est simplement ne le savoir pas [1]. »

Si ces deux états d'imperfection de l'esprit humain, qu'on appelle erreur et ignorance, se distinguent profondément l'un de l'autre au point de vue philosophique, il n'en est pas ainsi au point de vue de la création des rapports juridiques, le seul qui doive nous occuper ici. Le droit civil romain et le Code Napoléon les tiennent pour si intimement liés qu'ils les confondent et soumettent à une même règle leurs effets, comme s'ils se rapportaient à une seule cause. Aussi les jurisconsultes et les commentateurs ont-ils pu justement leur donner une dénomination commune, tantôt celle d'ignorance, tantôt, et de préférence, celle d'erreur. — Qu'on nous permette, pour plus de brièveté, de suivre

---

1. *Connaissance de Dieu et de soi-même*, I, chap. xiv.

cet exemple dans l'étude que nous entreprenons sur l'influence de l'erreur, en matière civile, d'après le droit romain et le Code Napoléon.

---

## DÉLIMITATION DU SUJET.

Aucune partie du droit civil ne paraît étrangère à notre sujet. C'est qu'en effet l'intelligence humaine s'agite rarement, loin de l'ignorance et de l'erreur, avec une connaissance parfaite des choses. N'est-il même pas dans sa destinée, en ce monde, de se tromper toujours!

Il est pourtant certains actes juridiques dont nous n'aurons pas à nous occuper. Tels ceux qui naissent directement de la loi; ceux qu'un pur fait, irréfléchi et sans raison, une action complétement matérielle de l'homme, intelligent et libre, suffit à créer. Dans ces hypothèses et autres semblables, où l'inscience de l'agent n'est appelée à jouer aucun rôle, il est hors de doute qu'il ne saurait être question d'erreur. Seuls les rapports de droit, produits par des actes réfléchis et raisonnés, fixeront notre attention.

Un principe incontestable en législation, c'est que les actions humaines, quelles qu'elles soient, ne sont susceptibles d'engendrer des droits, de devenir des actes juridiques que si des dispositions légales leur accordent ce pouvoir.

La loi a reconnu comme rapports de droit plusieurs de nos actions réfléchies et raisonnées. Elle l'a fait non point purement et simplement, mais sous certaines conditions[1]. Si

---

[1]. Condition signifiant *une qualité nécessaire et requise*. — V. *Dictionnaire de la langue française*, par Noël et Chapsal, au mot *Condition*.

ces conditions ne se réalisent pas, nul droit n'existe. Inutile alors de s'inquiéter des effets de l'erreur; que pourrait-elle sur le néant?

Nous avons donc seulement à rechercher la nature juridique de l'action raisonnée et réfléchie, reconnue comme rapport de droit, qui s'est régulièrement produite sous l'influence d'une erreur.

Mais, avant d'aborder cette étude, nous croyons bon de mentionner les exceptions, motivées par l'erreur, aux règles nécessaires de la création des actes juridiques, que nous fournissent le droit romain et le Code Napoléon.

### EXCEPTIONS, MOTIVÉES PAR L'ERREUR, AUX RÈGLES NÉCESSAIRES DE LA CRÉATION DES RAPPORTS DE DROIT.

1. Le sénatus-consulte macédonien déclare nul tout prêt d'argent fait à une personne soumise à la puissance paternelle, sans distinguer si le créancier connaissait ou non la position de son débiteur [1]. Les jurisconsultes admirent que cette disposition ne s'appliquait pas à celui qui avait ignoré la condition de l'emprunteur. Ainsi, grâce à l'erreur du préteur, le fils de famille se trouvait revêtu de la capacité juridique nécessaire pour emprunter valablement, ou plutôt on n'exigeait pas que cette condition absolue de l'existence légale de tout prêt, le droit chez l'emprunteur de se constituer débiteur, fût alors remplie. Mais, pour que ce résultat anormal se produisît, il fallait que l'erreur du créancier ne fût pas une erreur de droit ou une erreur de fait facile à éviter. « *Si quis patremfamilias esse credidit, non vana simplicitate deceptus, nec juris ignorantia, sed quia pu-*

---

1. L. 3, pr., *De sc. maced.* (XIV, 6).

*blice paterfamilias plerisque videbatur, sic agebat, sic contrahebat, sic muneribus fungebatur : cessabit senatus-consultum* [1]. »

L'erreur de droit repose sur l'ignorance ou la fausse interprétation des lois. Toutes autres erreurs sont des erreurs de fait. « *Factum hic intelligimus quodcumque non ad juris objectivi nomen referri potest* [2]. »

2. A Rome, un testament est nul quand parmi les témoins appelés à concourir à sa formation figure un esclave. Lorsque cet individu passait généralement pour un homme libre, l'erreur des parties le revêtant exceptionnellement de la *factio testamenti*, l'acte testamentaire était valable [3].

L'erreur dont il s'agit dans ce cas comme dans le précé-

1. L. 3, pr., *De sc. maced.* (xiv, 6. — On permit cependant aux mineurs d'invoquer même l'erreur de droit. « *Minoribus vigintiquinque annis jus ignorare permissum est... Hac ratione, si vigintiquinque annis f.iofamilias crediderit subvenitur ei, ut non videatur filiofamilias credidisse.* L. 9, pr., *De jur. et fact. ign.* (xxii, 6). V. L. 17, § 7, *De minor.* (iv, 4).

2. Cf. Mulhenbruch, *Doctrina Pandect.*, § 95.

Le *Digeste* nous fournit de nombreux exemples de l'une et l'autre erreur. Si, connaissant la mort de mon cognat, j'ignore que le préteur donne aux cognats la *bonorum possessio, in jure erro;* de même, si institué héritier pour le tout, je pense qu'il ne m'est pas permis de demander la *bonorum possessio* avant l'ouverture du testament (l. 1, §§ 1 et 4, *De jur. et fact. ign.* xxii, 6). Contracter avec un fils de famille que l'on croit père de famille, c'est une erreur de fait (l. 3, *pr., De sc. maced.*, xiv, 6). Si je vends le fond Cornélien à un individu qui entend acheter le fonds Sempronien, il y a encore erreur de fait (l. 9, *pr., De contract. emp.*, xviii, 1). Le passage suivant (l. 1, § 2), au titre *De juris et facti ignorantia* (xxii, 6), montre clairement ce qui différencie ces deux erreurs : « *Si quis nesciat se cognatum esse, interdum in jure, interdum in facto errat : nam, si et liberum se esse et ex quibus natus sit sciat, jura autem cognationis habere se nesciat, in jure errat. At si quis forte expositus quorum parentium esset ignoret, fortasse et serviat alicui putans se servum esse, in facto magis quam in jure errat.* »

A l'exemple du droit romain, le Code Napoléon reconnaît que l'erreur de droit est distincte de l'erreur de fait; par exemple, dans l'article 1356 : « L'aveu ne peut être révoqué, à moins qu'on ne prouve qu'il a été la suite d'une erreur de fait. Il ne pourrait être révoqué sous prétexte d'une erreur de droit. » Et, dans l'article 2052, au sujet des transactions : « Elles ne peuvent être attaquées pour cause d'erreur de droit. »

3. § 7, J., *De test. ord.* (ii, 10); L. 1, C., *De test.* (vi, 23).

dent est celle que l'on nomme commune. Elle consiste, comme le montre le texte cité à propos du sénatus-consulte Macédonien, à prendre, avec un grand nombre d'esprits suffisamment attentifs aux choses qui les entourent, un fait faux pour vrai.

**3.** Le Code Napoléon ne nous présente, pour cause d'erreur commune, aucune exception particulière aux règles fondamentales de la création des rapports juridiques [1].

Mus par un sentiment d'équité, les auteurs en indiquent cependant quelques-unes; ainsi, d'après eux, la femme mariée, qui passe généralement pour fille ou veuve, peut parfois, du moins en ce qui la concerne, échapper aux incapacités de son état; un acte sera authentique bien que reçu par un individu sans qualité pour lui donner ce caractère, mais qui passe généralement pour l'avoir [2]; un testament vaudra malgré l'incapacité des témoins, pourvu qu'ils passent généralement pour capables; un tuteur irrégulier, tenu généralement pour régulier, le devient; l'héritier apparent pour administrer la succession aura les mêmes droits qu'un héritier véritable.

---

1. Voir plus bas notre explication de l'article 1240.

2. On cite dans ce sens la loi 2, au Code, *De sententiis et interlocutionibus omnium judicum* (VII, 45) : « *Si arbiter datus a magistratibus, cum sententiam dixit, in libertate morabatur, quamvis postea in servitutem depulsus sit, sententia tamen ab eo dicta habet rei judicatæ auctoritatem.* » — Le Digeste nous donne la justification de cette décision exceptionnelle, dans sa loi 3, au titre *De officio prætorum* (I, 14). On y suppose un esclave nommé préteur ; Ulpien se demande, après Pomponius, quelle est la valeur des actes qu'il accomplit en cette qualité. Le jurisconsulte, sans se dissimuler qu'en principe ils sont nuls pour incapacité du fonctionnaire, les déclare valables par mesure d'humanité : « *Hoc enim humanius est.* »

Nous n'avons pas mentionné ces lois à propos des exceptions aux règles de la création des actes juridiques, parce qu'elles concernent plutôt une question de droit public que de droit privé. De plus, les termes de leur rédaction ne paraissent pas exiger absolument l'erreur des parties intéressées.

De quelle importance, au reste, sont ces lois en face de l'article 191 du Code Napoléon : « Tout mariage... qui n'a point été célébré devant l'*officier public compétent* peut être attaqué... par tous ceux qui ont un intérêt né et actuel, ainsi que par le ministère public? »

Ces exceptions offriraient sans doute de très-grands avantages pratiques. Peut-être même sont-elles nécessaires à une bonne administration de la justice; mais, en théorie, elles sont inadmissibles.

Au point de vue du droit, les actions humaines sont en principe indifférentes. Si quelques-unes ont une valeur juridique, elles la doivent aux dispositions bienveillantes de la loi qui seule crée des droits. Certains faits de l'homme, se produisant dans telles circonstances déterminées, ont été élevés à la hauteur de rapports de droit. Si l'acte s'exécute en dehors des conditions fixées, ce n'est plus l'action revêtue de la sanction légale, nous sommes en présence d'un fait juridiquement nul. La loi française voulait-elle admettre ces modifications aux règles fondamentales de l'existence de tout rapport de droit, elle devait s'en exprimer nettement, car les exceptions ne se supposent pas. Dira-t-on qu'il y a un vide dans notre législation, et que dans l'intérêt général il importe de le combler; soit, seulement le soin d'opérer cette réforme incombe aux législateurs, non aux jurisconsultes, qui doivent se contenter d'interpréter la loi et au besoin d'en signaler les imperfections [1].

4. En vertu du sénatus-consulte Velléien, la femme romaine ne pouvait, soit par elle-même, soit par l'entremise

---

[1]. « Pour mon compte, dit M. Demolombe, à propos des actes faits par ceux qui ont recueilli les successions et autres droits éventuels échus à un absent, j'ai déjà reconnu combien le système de la nullité est serré et pressant, mais d'une part il ne me paraît pas tel, néanmoins, que je ne puisse comprendre le sentiment contraire; d'autre part, je suis, je l'avoue, très-touché de cette profonde, de cette unanime conviction qui entraîne vers lui tous les hommes mêlés à la pratique et au mouvement des affaires; parmi les avocats les plus exercés du barreau, parmi les notaires que j'ai pu consulter, je n'en ai presque pas rencontré qui ne considérassent comme une véritable nécessité le maintien des ventes ainsi faites, et voilà surtout ce qui me porte à dire que cette deuxième opinion triomphera... » (T. II, n° 210). — Nous croyons, nous, qu'elle est légalement vraie, en vertu d'une théorie spéciale à la matière de l'absence et étrangère proprement à celle de l'erreur.

d'un mandataire, se porter caution[1]. Dans le cas de mandat, lorsque le créancier, l'ignorant, avait cru que le fondé de pouvoir agissait pour son propre compte, il lui était permis de repousser l'exception du sénatus-consulte par la *doli replicatio*[2]. La loi admet d'une façon générale l'effet de l'erreur. Or, où elle n'établit pas de distinction, il ne nous appartient pas d'en introduire. Donc toute erreur, qu'elle fût facile ou difficile à éviter, peu importe, pourvu que ce soit une erreur de fait, car la connaissance des règles du droit n'est jamais ici en question, donne lieu à la *doli replicatio.*

5. Le mariage civil romain n'existe qu'entre personnes ayant le droit de *connubium* réciproque[3]. Par exception, quand les *nuptiæ* avaient eu lieu par suite de l'erreur d'une des parties, attribuant à l'autre une position sociale qu'elle n'a pas et dont la présence chez elle eût validé le mariage, la loi rendait quelquefois l'union régulière en élevant la condition de la partie incapable.

Gaius nous apprend que cela avait lieu : lorsqu'un citoyen romain épousait une Latine ou une Pérégrine, *cum eam civem romanam esse crederet*; lorsqu'une Romaine épousait un Pérégrin ou un Déditice, *tanquam civem romanum vel latinum*, à la condition pourtant de remplir les formes prescrites par la loi *Ælia Sentia*[4]; lorsqu'une Latine épousait un Pérégrin, *quem latinum esse crederet*; lorsqu'un Latin avait épousé une Pérégrine, pensant qu'elle était une Latine ou une Romaine; lorsqu'un Romain, qui se croyait Latin, avait épousé une Latine[5].

Pour que ces résultats dérogatoires se produisissent, il suffisait qu'un enfant fût né du mariage et que la partie

1. L. 1, *pr.*; L. 2, *pr.*, § 1, *Ad sc. vellej.* (xvi, 1).
2. L. 6, *Ad sc. vellej.* (xvi, 1).
3. Ulp. *Reg.*, V, § 2.
4. Gaii *Com.*, I, § 29.
5. Gaii *Com.*, I § 67 et s.; Ulp. *Reg.*, VII, § 4.

trompée justifiât son erreur. On ne dit pas que cette erreur dût être d'une espèce particulière, de droit ou de fait, excusable ou non excusable. Nous pensons que, par ces termes : « *erroris causam probare* », la loi exigeait seulement que l'erreur alléguée, quelle qu'elle fût, ne fût pas complétement dénuée de fondement.

6. Le cas le plus important de cet effet complémentaire de l'erreur, dans la formation des actes juridiques, est celui de la possession de bonne foi.

Voici, d'après les Institutes de Justinien, les conditions de cette possession : « *Si quis a non domino, quem dominum esse crediderit, bona fide fundum emerit, vel ex donatione aliave qualibet justa causa æque bona fide acceperit* [1]... » C'est-à-dire qu'il faut posséder en vertu d'une juste cause et de bonne foi.

Tout titre qui m'eût rendu propriétaire, si le rapport de droit qu'il qualifie avait été passé entre moi et un individu ayant réellement le pouvoir de me transférer la propriété du bien qui en a été l'objet, est une juste cause. La bonne foi consiste à croire à cet individu le pouvoir réel de me transmettre la chose.

Cette définition de la juste cause, conforme au texte cité des *Institutes,* ne manque pas d'exactitude ; mais elle n'est point assez générale. Plusieurs cas de possession n'y sont pas compris [2]. Peut-être serait-il mieux de dire que nous possédons en vertu d'une juste cause les biens que nous détenons en vertu d'un titre qui a toutes les apparences d'un acte juridique capable de nous en transmettre la propriété. Pren-

1. § 35, J., *De dir. rer.* (ii, 1); pr., J., *De usucap. et long.* (ii, 6).
2. Le Digeste expose dans une série de titres séparés (xli, 4, 6, 7; xlvi, 0) les principaux éléments qui produisent une juste cause de possession. — Paul les résume ainsi : « *Genera possessionum tot sunt, quot et causæ acquirendi ejus quod nostrum non sit : velut pro emptore, pro donato, pro dote, pro herede, pro noxæ dedito, pro suo* (L. 3, § 21, xli, 2).

dre ces apparences pour des réalités constitue la bonne foi.

La possession de bonne foi, disons-nous, se fonde sur un acte juridique valable en apparence. Or un acte juridique ne valant que lorsqu'il remplit toutes les conditions exigées par la loi pour sa formation, il suit qu'il n'aura une valeur apparente que si ces conditions ont paru se réaliser. Ce qui exclut l'erreur, de fait ou de droit, ayant trait directement à leur existence. C'est seulement sur le vice originaire dont elles sont entachées que l'erreur peut porter pour produire quelque effet.

Il y a cependant plusieurs passages des Pandectes où l'on se contente de la simple croyance à l'apparence d'une juste cause.

« *Id, quod quis cum suum esse existimaret, possederit, usucapiet,* prétend Nératius, *etiamsi falsa fuerit ejus existimatio; quod tamen ita interpretandum est, ut probabilis error possidentis usucapioni non obstet, veluti si ob id aliquid possideam, quod servum meum, aut ejus, cujus in locum hereditario jure successi, emisse id falso existimem, quia in alieni facti ignorantia tolerabilis error est*[1]. »

Africain s'exprime de la même manière : « *Quod vulgo traditum est, eum, qui existimavit se quid emisse, nec emerit, non posse pro emptore usucapere; hactenus verum esse ait, si nullam justam causam ejus erroris emptor habeat; nam si forte servus vel procurator, cui emendam rem mandasset, persuaverit ei se emisse, atque ita tradiderit; magis esse, ut usucapio sequatur*[2]. »

Nous pensons que ces dispositions, contredites par tant d'autres[3], ont été motivées par les circonstances tout à fait

1. L. 5, § 1, *Pro suo* (XLI, 10).
2. L. 11, *Pro emptore* (XLI, 4). V. L. 2, §§ 15 et 16, *eod:* L. 3, C., *Pro donat.* (VII, 27).
3. § 11, J., *De usucap.* (II, 6) : « *Error falsæ causæ usucapionem non pa-*

exceptionnelles où les actes en question se sont produits, et à cause desquelles les jurisconsultes Nératius et Africain ont cru devoir déroger aux règles ordinaires.

Une déviation curieuse entre toutes, et qu'aucun texte ne contredit, c'est la suivante, indiquée par Paul : « *Sed si fundus emptus sit, et ampliores fines possessi sint, totum longo tempore capi; quoniam universitas ejus possideatur, non singulæ partes* [1]. »

Il est hors de doute que l'acquisition des fruits aura lieu dans les mêmes hypothèses, car cette acquisition est vue avec beaucoup plus de faveur que l'usucapion.

Les avantages attachés à la possession de bonne foi sont, tant en droit romain qu'en droit français, l'acquisition des fruits de la chose d'autrui et, avec le temps, de la propriété elle-même.

A. Cette matière était régie à Rome de la façon suivante. Celui qui prétend aux avantages de la possession de bonne foi est obligé de fournir le titre sur lequel se fondent ses prétentions : « *Qui a pupillo emit, probare debet, tutore auctore, lege non prohibente, se emisse* [2]. » Quant à sa bonne

---

rit; *veluti si quis, cum non emerit, emisse se existimans, possideat; vel cum ei donatum non fuerit, quasi ex donatione possideat.*» V. L. 4, C., *Pro herede* (VII, 29); L. 5, C. *De præscript.* (VII, 33); L. 24, C., *De rei vindic.* (III, 32). V. aussi la L. 27 d'Ulpien, *De usurp.* (XLI, 3) : « *Celsus libro 34 errare eos ait, qui existimarent, cujus rei quisque bona fide adeptus sit possessionem, pro suo usucapere eum posse; nihil referre, emerit, necne, donatum sit, necne, si modo emptum, vel donatum sibi existimaverit : quia neque pro legato, neque pro donato, neque pro dote usucapio valeat, si nulla donatio, nulla dos, nullum legatum sit. Idem et in litis æstimatione placet, ut nisi vere quis litis æstimationem subierit, usucapere non possit.* » — On se sert de l'expression « *usucapere pro suo* » dans les cas où la *justa causa possessionis* n'a pas une dénomination particulière. Telle est du moins sa signification la plus ordinaire; quelquefois cependant posséder *pro suo* veut dire posséder *animo domini.* V. L. 2, *Pro suo* (XLI, 10), et L. 48, § 5, *De furt.* (XLVII, 2).

1. L. 2, § 6, *Pro empt.* (XLI, 2).
2. L. 13, § 2, *De public. in rem.* (VI, 2).

foi, on la présume, sauf à l'adversaire de démontrer qu'il connaissait le vice de sa possession[1]. La bonne foi est donc une sorte de condition négative, l'absence de mauvaise foi. Aussi ne trouve-t-on pas les mots « *bona fides* » dans le texte de l'édit du préteur relatif à l'action publicienne : « *Si quis id, quod traditur ex justa causa, non a domino, et nondum usucaptum, petet, judicium dabo*[2]. »

(*a*) Les Institutes prennent soin de nous indiquer nettement les droits du possesseur de bonne foi sur les fruits de la chose qu'il détient : « *Si quis a non domino quem dominum esse crediderit, bona fide fundum emerit, vel ex donatione aliave qualibet justa causa æque bona fide acceperit, naturali ratione placuit fructus quos perceperit, ejus esse pro cultura et cura; et ideo si postea dominus supervenerit, et fundum vindicet, de fructibus ab eo consumptis agere non potest*[3]. »

La question de l'acquisition des fruits par le possesseur de bonne foi n'est pas une des moins délicates que soulève l'interprétation du droit romain. La divergence des textes qui nous sont parvenus sur ce sujet, a ouvert un vaste champ aux interminables controverses des commentateurs.

(α) Et d'abord, quels sont les droits du possesseur sur les fruits encore adhérents au sol quand il cesse d'être de bonne foi? — Aux yeux de Julien, ce changement est sans importance : « *Bonæ fidei emptor sevit*, suppose-t-il, et, *antequam fructus perciperet, cognovit fundum alienum esse, an*

---

1. L. 30, *C., De evict.* (VIII, 45).
2. L. 1, pr., *De public. in rem* (VI, 2). — Le texte lui-même de la formule de cette action, simple effet d'une usucapion supposée accomplie, vient confirmer notre opinion : « *Judex esto, si quem hominem Aulus Agerius emit... ei traditus est, anno possedisset, tum si eum hominem de quo agitur, ejus ex jure quiritium esse oporteret.* » Gaii Com., IV, § 36.
3. § 35, *J.. De div. rer.* (II, 1).

*perceptione fructus suos faciat, quæritur? Respondi, bonæ fidei emptor, quod ad percipiendos fructus, intelligi debet, quandiu evictus fundus non fuerit[1]. »* Paul est d'un autre avis : « *Si eo tempore,* écrit-il, *quo mihi res traditur, putem vendentis esse, deinde cognovero alienam esse, quia perseverat per longum tempus capio, an fructus meos faciam? Pomponius putat verendum, ne non sit bonæ fidei possessor, quamvis capiat; hoc enim ad jus, id est capionem; illud ad factum pertinere, ut si quis bona aut mala fide possideat[2]. »*

Ce dernier sentiment paraît avoir prévalu. Le possesseur n'acquiert les fruits que tant que dure sa bonne foi : « *Tamdiu autem adquirit (qui bona fide alicui serviat, sive servus alienus est, sive homo liber est), quamdiu bona fide servit; cæterum si cœperit scire, esse eum alienum vel liberum, videamus an ei (possessori) adquirit? Quæstio in eo est, utrum initium spectamus, an singula momenta? et magis est ut singula momenta spectemus.[3] »*

Nous pensons qu'à partir de Justinien, qui s'est plu à diminuer les droits du possesseur de bonne foi, le système de Julien aura manqué de défenseurs. « *Dominus de fructibus ab eo non consumptis agere potest[4],* » disent les Institutes.

(β) A quel moment s'opère l'acquisition des fruits? — que comprend-elle? — Quelle est la situation du possesseur en face du propriétaire revendiquant?

Dès que les fruits, séparés du sol[5], sont devenus l'objet d'un droit de propriété distinct de celui de la chose qui les a produits, ils appartiennent au possesseur de bonne foi.

1. L. 25, § 2, *De usur. et fruct.* (xxii, 1).
2. L. 48, § 1, *De acq. rer. dom.* (xli, 1); — L. 40, eod.; — L. 2, *De petit. her.* (v, 3); — L. 2, *De publiciana* (vi, 2).
3. L. 23, § 1, *De adq. rer. dom.* (xli, 1).
4. § 35, *J. Ins., De div. rer.* (ii, 1).
5. L. 44, *De rei vindic.* (vi, 1) : « *Fructus pendentes pars fundi habentur.* »

C'est là une vérité incontestable : « *Bonæ fidei possessor in percipiendis fructibus id juris habet, quod dominis prædiorum tributum est*[1]. » La justesse de cette doctrine ressort non moins clairement des différences que les jurisconsultes romains se plaisent à établir entre la position du possesseur de bonne foi et celle de l'usufruitier relativement à l'acquisition des fruits. Le premier est assimilé à l'emphytéote. Comme lui, propriétaire des fruits dès qu'ils n'adhèrent plus au sol, il est nanti de tous les droits que donne la propriété[2]. L'usufruitier, au contraire, n'acquiert les fruits qu'en les percevant. S'ils sont séparés du fonds sans son ordre, il n'en devient pas propriétaire, et par conséquent ne peut, en cas de vol, les revendiquer : « *Cum ad fructuarium pertineant fructus a quolibet sati, quanto magis hoc in bonæ fidei possessoribus recipiendum est, qui plus juris in percipiendis fructibus habent? cum fructuarii quidem non fiant, antequam ab eo percipiantur; ad bonæ fidei autem possessorem pertineant, quoquo modo a solo separati fuerint, sicut ejus qui rectigalem fundum habet, fructus fiunt, simul atque solo separati sunt*[3]. »

Le possesseur de bonne foi peut-il prétendre à tous les fruits, à ceux que la chose produit spontanément comme à ceux qui sont dus au travail de l'homme? — Paul les lui donne tous : « *Non tantum eos qui diligentia et opera ejus pervenerunt, sed omnes*[4] »; Pomponius, seulement ceux qui exigent des soins de culture : « *Facit illos tantum quos suis operis acquisierit veluti serendo*[5]. » De ces deux opinions, il est difficile d'indiquer la meilleure. Celle de Pomponius

1. L. 22, § 1, *De usur. et fruct.* (XXII, 1).
2. L. 48, *De acq. rer. dom.* (XLI, 1) : « *Denique etiam priusquam percipiat, statim ubi a solo separati sunt, bonæ fidei emptoris fiunt.* »
3. L. 25, § 1, *De usur. et fruct.* (XXII, 1).
4. L. 48, pr., *De acq. rer. dom.* (XLI, 1).
5. L. 45, pr., *De usur. et fruct.* (XXII, 1).

nous paraît plus exacte, du moins pour le temps de Justinien, qui semble l'admettre expressément dans ces termes de notre paragraphe : « *Placuit fructus quos percepit ejus esse pro cultura et cura*[1]. » Si les rédacteurs des Institutes, qui n'ignoraient pas la controverse, n'avaient eu l'intention d'adopter l'avis de Pomponius, il n'est guère probable qu'ils se fussent exprimés de la sorte.

La revendication du fonds par le propriétaire éteint tous les droits du possesseur de bonne foi[2]. Il est obligé de rendre la chose dans son état actuel, en tenant compte au maître des dégradations et pertes qui lui sont imputables[3]. Les dépenses[4] nécessaires ou utiles qu'il a faites sur le bien, lorsqu'elles sont supérieures à la valeur des fruits recueillis pendant la durée de sa possession, lui sont remboursées par le revendiquant jusqu'à concurrence de la différence entre les deux sommes. Il obtient cet excédant de dépenses en réclamant du magistrat l'introduction dans la formule de revendication d'une exception qui le mentionne[5]. Quand, au contraire, la valeur des fruits est supérieure au montant des dépenses, à qui revient la différence? au propriétaire ou au possesseur? Il faut à cet égard distinguer

1. § 35, *J.*, *De div. rer.* (ii, 1).

2. Devient-il, *ipso facto*, possesseur de mauvaise foi? Non, puisque la revendication seule ne met pas les cas fortuits à sa charge. — V. M. Pellat, *Exposé des principes généraux de la propriété en droit romain*, 2ᵉ édit. p. 291.

3. Encore n'est-il jamais, hormis en cas de dol, obligé de restituer une somme supérieure à la valeur des fruits perçus. V. 1. 31, § 3, *De hered. petit.* (v, 3). — Sur le sens exact du mot dol en cette matière, V. 1. 45, *De rei vind.* (vi, 1) et son application par M. Pellat, *op. cit.*, p. 292.

4. § 30, *J.*, *De div. rer.* (ii, 1).

5. Cujas (*Comment. in Resp. Sapin.*, ad l. xxviii, *De rei vindic.*; *Comment. ad l. xxvii*, § 5, *De rei vindic.*) prétend que le juge, à défaut de cette exception, a le droit de tenir compte au possesseur de son excédant de dépenses. — Dans ce but, Cujas assimile la revendication à la pétition d'hérédité, où, d'après la plupart des jurisconsultes, l'*officium judicis* contenait un tel pouvoir. V. Javolenus, l. 44, *De hereditatis petitione* (v, 3) : « … *Judicis officio*

entre les fruits consommés et ceux qui existent encore au moment de la *litiscontestatio*. Le possesseur bénéficie des premiers, les seconds appartiennent au propriétaire. C'est la solution donnée aux Institutes[1]. En a-t-il été toujours ainsi? Certains commentateurs soutiennent que oui, et l'on doit reconnaître qu'ils ont pour eux l'autorité des textes, tels du moins que le Digeste nous les a conservés. D'autres prétendent que, dans l'ancien droit, le possesseur de bonne foi gardait tous les fruits par lui perçus avant la *litiscontestatio*, et que cette distinction entre les fruits consommés et ceux qui ne le sont pas date seulement d'un rescrit des empereurs Dioclétien et Maximien, qui forme la loi 22, au Code, *De rei vindicatione* (III, 32) : « *Certum est malæ fidei possessores omnes fructus solere cum ipsa re præstare, bonæ fidei vero exstantes, post autem litiscontestationem universos.* » M. Pellat, dans son exposé des principes généraux de la propriété en droit romain[2], a victoiieusement, selon nous, par un habile rapprochement des textes[3], démontré la vérité de cette dernière opinion[4].

*continetur ut... » — Scævola, l. 58, eod. : « Quæsitum est... an... doli mali exceptione summoveri possit. Respondi etsi non exciperetur, satis per officium judicis consuli. » — Paul, l. 38, eod. : « Et id ipsum officio judicio continebitur; nam nec exceptio doli mali desideratur. » — Gaius est d'un autre avis, l. 30, § 1, eod. : « Videamus... ne ad picturarum... impensas æque proficiat nobis doli exceptio. »*

Je ne sais si ce rapprochement est juste. La pétition d'hérédité embrasse plutôt un ensemble des biens qu'elle ne comprend spécialement une chose ou une autre. Dans la revendication, au contraire, le juge est appelé à décider si un bien indiqué d'une façon très-précise est valablement réclamé. Pour une pareille déclaration, qu'importe la question des dépenses du possesseur? (V. M. Pellat, *Exposé des principes généraux du droit romain sur la propriété*, 2ᵉ édit., p. 303.)

1. § 35, *J.*, *De rer. div.* (II, 1).

2. 2ᵉ édit., p. 301 et s.

3. L. 48, pr., *De adq. rer. dom.* (XLI, 1); — l. 41, *De rei vindic.* (VI, 1); — l. 25, § 1, *De usur. et fruct.* (XXII, 1); — l. 48, § 1, *De adq. rer. dom.* (XLI, 1); — l. 65, *De rei vindic.* (VI, 1).

4. La loi 65, du titre *De rei vindicatione*, au Digeste (VI, 1), mérite de fixer

Nous devons mentionner, comme capable d'éclaircir la question, le texte suivant de Paul, duquel il résulte que la position du possesseur de bonne foi d'un bien spécial (*vindicatio rerum singularum*) et celle du possesseur de bonne foi d'une hérédité ne sont pas identiques : « *Prædo fructus suos non facit, sed augent hereditatem; ideoque eorum quoque fructus præstabit. In bonæ fidei autem possessore hi tantum veniunt in restitutione, quasi augmenta hereditatis, per quos locupletior factus est[1].* » C'est probablement, dit M. Pellat[2], afin de faire cesser cette différence que postérieurement on admit, pour les fruits non consommés, la règle nouvelle, consignée dans le rescrit cité de Dioclétien et de Maximien, et qui s'est glissée par interpolation dans quelques textes des Pandectes. La justesse de cette présomption est difficilement contestable en présence d'une constitution des empereurs Septime Sévère et Antonin Caracalla : « *Si,* disent-ils, *post motam controversiam Mencecratis bonoram partem dimidiam, Musæus ab herede scripto quæstionis illatæ non ignarus comparavit; tam ipse, quasi malæ fidei possessor, quam heredes ejus fructus restituere coguntur. Si vero venditionem lite antiquiorem esse liquido probetur, ex eo die fructus*

notre attention : « *Emptor prædium, quod a non domino emit, exceptione doli posita, non aliter restituere domino cogetur, quam si pecuniam creditori ejus. solutam, qui pignori datum prædium habuit, usurarumque medii temporis superfluum reciperaverit, scilicet si minus in fructibus ante litem perceptis fuit; nam eos usuris novis duntaxat compensari, sumptuum in prædium factorum exemplo, æquum est.* » — On trouve dans l'ouvrage de M. Pellat, auquel nous renvoyons, un développement remarquable de cette loi, appuyé par les textes suivants : L. 16, C., *De evict.* (VIII, 45); — l. 23. C., *De rei vindic.* (III, 32); — 1. 19, § 4, *De usuris et fruct.* (XXII, 1); — 1. 37, *eod.;* — l. 12, § 6, *Qui potior. in pign.* (XX, 4); — 1. 22, C., *De pign. et hyp.* (VIII, 14); — 1. 1, § 4, *De pign. et hyp.* (XX, 1); — 1. 42, § 2, *De solut. matr.* (XXIV, 3); — et aussi l. 18, *De rei vindic.* (VI, 1).

1. L. 40, § 1, *De hered. petit.* (V, 3).

2. *Op. cit.,* p. 363.

*restituantur, ex quo lis in judicium deducta est. Fructibus enim augetur hereditas, cum ab eo possidetur, a quo peti potest. Emptor autem, qui proprio titulo possessionis munitus est, etiam singularum rerum jure convenitur*[1]. »

(γ) L'acquisition des fruits par le possesseur de bonne foi a-t-elle lieu quelle que soit la nature des biens possédés? Aucun texte ne tranche précisément la question. Seulement, en présence de divers passages du Digeste, on ne peut nier qu'il faille répondre affirmativement. Paul, après avoir dit que, relativement à la perception des fruits, le possesseur de bonne foi « *loco domini pene est,* » ajoute : « *Nec interest ea res quam bona fide emi, longo tempore capi possit, necne: veluti si pupilli sit, aut vi possessa, aut præsidi contra legem repetundarum donata, ab eoque abalienata sit bonæ fidei emptori*[2]. » Or, comme nous le démontrerons bientôt, l'acquisition de la propriété par le possesseur de bonne foi est admise, en principe, à l'égard de tous les biens[3].

(δ) La loi n'exige nulle part que l'erreur du possesseur soit excusable. Elle n'établit non plus aucune différence entre l'erreur de fait et l'erreur de droit. Tout au contraire, les Institutes tiennent les deux pour valables : « *Illorum autem fructuum, quos culpa sua possessor non perceperit, in utraque actione (id est, hereditatis petitione et vindicatione), eadem ratio pene habetur, si prædo fuerit; si vero bona fide possessor fuerit, non habetur ratio consumptorum, neque non perceptorum*[4]. » Mais, quand le possesseur est-il un *prædo?* Voici un texte qui l'indique clairement : « *Scire ad se non*

---

1. L. 2, *C.*, *De petit. hered.* (III, 31). — Peut-être n'en était-il pas ainsi de la pétition d'hérédité *utile*, mais qu'on l'assimilait à la *rei vindicatio*. (Voyez M. Pellat, *op. cit.*, p. 274.)

2. L. 48, § 1, § 2, *De acq. rer. dom.* (XLI, 1); — V. l. 4, § 10, *De usurp. et usucap.* (XLI, 3).

3. § 10, *J.*, *De usucap.* (II, 6); — l. 24, § 4, *De usurp. et usucap.* (XLI, 2).

4. § 2, *J.*, *De off. jud.* (IV, 17).

*pertinere, utrum is tantummodo videtur, qui factum scit, an et is qui in jure erravit? putavit enim recte factum testamentum cum inutile erat; vel cum eum alius præcederet agnatus sibi potius deferri. Et non puto hunc esse prædonem, qui dolo caret, quamvis in jure erret*[1]. »

Il en est autrement pour l'usucapion, dont nous allons maintenant nous occuper.

(*b*) L'usucapion est un moyen d'acquérir par la possession prolongée pendant un certain laps de temps. « *Usucapio*, enseigne Modestin, *est adjectio dominii per continuationem possessionis temporis lege definiti*[2]. » Nous disons possession, sans distinguer si elle est ou non de bonne foi, car quelquefois l'usucapion s'accomplit sans bonne foi du possesseur, ainsi : les *usureceptiones*[3], l'*usucapio libertatis* en matière de servitudes urbaines[4], l'usucapion de l'esclave livré, en vertu d'une action noxale, par celui qui le possède simplement[5]. L'usucapion *pro herede* avait même lieu indépendamment d'une *justa causa*[6]. Au point de vue d'une théorie de l'erreur, les usucapions qui exigent la bonne foi ont seules de l'importance.

L'historique de l'institution n'est pas sans offrir quelque intérêt.

Voici ce qu'elle était à l'époque de Gaius.

---

1. L. 25, § 6, *De hered. petit.* (v, 3). — V. l. 25, § 4, *eod.*; — l. 62, § 1, *eod.*; — l. 22, C., *De rei vindic.* (iii, 32).
2. L. 3, *De usurp.* (xli, 3).
3. Gaii *Com.* II, §§ 59, 60, 61.
4. L. 6, *De serv. præd. urban.* (viii, 2.
5. L. 38, *De noxal. act.* (ix, 4).
6. Gaii *Com.* II, §§ 52-58. — Les effets de cette usucapion, dite lucrative, furent considérablement diminués sous les empereurs, entre autres par Adrien et Marc-Aurèle. — V. l. 1; l. 2, *Expil. heredit.* (xlvii, 19; — Gaii *Com.*, III, § 201; — l. 2, C., *De usuc. pro herede* (vii, 29).

« *Etiam earum rerum usucapio nobis competit quæ non
a domino nobis traditæ fuerint, sive mancipi sint eæ res,
sive nec mancipi, si modo eas bona fide acceperimus, cum
crederemus eum qui tradiderit dominum esse. Quod ideo
receptum videtur ne rerum dominia diutius in incerto essent, cum sufficeret domino ad inquirendam rem suam an-
nii aut biennii spatium, quod tempus ad usucapionem possessori tributum est* [1].* »

Il existait un cas d'usucapion exclusivement propre aux
choses *mancipi*. Lorsqu'elles avaient été livrées sans l'inter-
vention d'aucun mode légitime d'acquérir, l'*accipiens* n'en
devenait pas immédiatement *dominus ex jure Quiritium*, il
n'acquérait le *dominium* que par l'usucapion. « *Semel im-
pleta usucapione, proinde pleno jure incipit, id est, et in bonis et ex jure Quiritium, tua res esse, ac si ea mancipata
vel in jure cessa esset* [2]. »

L'usucapion ne s'appliquait pas aux immeubles des pro-
vinces non gratifiées du *jus Italicum*. Les édits des prési-
dents créèrent à leur profit la *possessio* ou *præscriptio longi
temporis*, espèce d'exception au moyen de laquelle l'homme
qui détenait depuis le temps marqué (dix ans ou vingt ans)
un bien de cette nature, se faisait maintenir en possession.

La *præscriptio longi temporis* avait cela de commun
avec l'usucapion, que, pour l'invoquer, il fallait avoir acquis
de bonne foi et en vertu d'une juste cause. Des différences
saillantes les séparaient par ailleurs. L'usucapion est un
moyen d'acquérir, la prescription un moyen de repousser
les réclamations du propriétaire. La première n'a lieu que
*salvo jure servitutis et hypothecæ*, la seconde est opposable
à tout le monde. La revendication fait cesser cette dernière
sans arrêter le cours de l'autre.

1. Gaii Com., II, §§ 43 et 44; — pr., J., De usucap. (II, 6).
2. Gaii Com., II, § 44.

Justinien a confondu ces deux institutions en une seule, qu'il ne qualifie pas d'une dénomination propre [1]. Le plus souvent, néanmoins, quand il s'agit d'immeubles, les textes parlent de *præscriptio* ou *possessio longi temporis*; relativement aux meubles, ils disent de préférence *usucapio*. « S'ensuit-il, se demande M. Demangeat [2], que, dans le droit de Justinien, on applique aux immeubles les règles spéciales de l'ancienne *præscriptio longi temporis*, et aux meubles les règles spéciales de l'ancienne *usucapio?* C'est l'avis de plusieurs interprètes très-distingués. Je suis plutôt porté à croire qu'il faut toujours appliquer les principes de l'ancienne usucapion, que, sauf en ce qui concerne le délai, Justinien a entendu les consacrer d'une manière générale. Cela me paraît ressortir avec évidence des expressions mêmes qu'il emploie aux Institutes : « *Constitutionem super hoc promulgavimus, qua cautum est ut res quidem mobiles per triennium, immobiles vero per longi temporis possessionem, id est, inter præsentes, decennio, inter absentes, riginti annis, usucapiantur* [3]. » Je dirai donc que, dans le droit de Justinien, la propriété est acquise *salvo jure servitutis vel hypothecæ*, et qu'il n'y a point d'interruption civile, résultant de la poursuite dirigée contre le possesseur. »

(α) Le droit d'usucaper, avons-nous dit, se fonde sur la possession [4], qui ne sera utile ici que si elle satisfait aux deux conditions indiquées précédemment : l'une positive, la *justa causa*; l'autre négative, la bonne foi. Le texte suivant de Paul est, sur ce point, aussi formel que possible : « *Separata est causa possessionis et usucapionis : nam vere dici-*

---

1. *Pr., J., De usucap. et long.* (ii, 6); — l. 1, C., *De usucap. transf.* (vii, 31).
2. *Cours élémentaire de droit romain*, 2ᵉ éd., I, p. 547.
3. *Pr., J., De usucap.* (ii, 6).
4. *Pr., J., De usucap.* (ii, 6).

*tur quis emisse, sed mala fide; quemadmodum quis sciens
alienam rem emit, pro emptore possidet, licet usu non
capiat* [1]. » Cependant il s'en faut beaucoup que tous les commentateurs soient de notre avis. Des discussions très-vives
se sont élevées, entre des interprètes autorisés du droit
romain, sur le point de savoir si la *justa causa* et la *bona
fides* devaient être considérées comme une condition unique
ou bien comme deux éléments parfaitement distincts de
l'usucapion [2]. La divergence des auteurs nous semble superficielle. Si l'on prétend ne considérer que la personne de
l'usucapant, on dira à la rigueur qu'il n'y a qu'une condition, car il est seulement obligé de produire le juste titre,
d'où découle sa possession; mais si l'on veut tenir compte des
moyens dont le demandeur en revendication peut appuyer
sa prétention, il faut reconnaître qu'il y en a deux. Car bien
que, acquéreur *ex justa causa*, vous ayez possédé pendant
le temps voulu, vous n'usucaperez pas si je prouve que vous
connaissiez le vice de votre titre d'acquisition.

(β) La règle que le possesseur, en perdant la bonne foi,
perd tout droit aux fruits non cueillis, ne s'applique pas à
l'usucapion. Il suffit ici que la bonne foi ait existé à l'*initium
possessionis*. « *Hoc tantummodo observando, ut,... ab initio
cum bona fide capiat.* [3] » Vérité formulée dans cet axiome :
« *Mala fides superveniens non impedit usucapionem.* »

Antérieurement à Justinien, quelques jurisconsultes exigeaient, par exception, en cas d'usucapion *pro donato*, que
la bonne foi eût duré tout le temps requis pour usucaper.
C'était l'opinion d'Ulpien : « *Interdum tamen, licet furtiva*

1. L. 2, § 1, *Pro emptore* (xli, 4).
2. Pellat, *De la propriété*, p. 469, — p. 17. — Putchs, *Pandekten*, § 157.
— Blondeau, *Chrestomathie*, p. 310 et s. — Bonjean, *Actions*, t. II, p. 143.
— Maynz, *Éléments du droit romain*, t. I, p. 490.
3. L. 1, C., *De usucap. transf.* (vii, 31). — V. 1. 44, § 2, *De usurp. et usucap.* (xli, 3); — 1. 4, § 18, *eod. :* « *Initium usucapionis intueri debemus.* »

*mater distracta non sit, sed donata ignoranti mihi, et apud me conceperit et peperit, competit mihi in partu Publiciana, ut Julianus ait : si modo eo tempore, quo experiar, furtivam matrem ignorem* [1]. » Avec Justinien, toute différence disparaît entre le titre *pro donato* et les autres *justæ causæ*. Cet empereur dit, au sujet de la nouvelle usucapion qu'il établit : « *Non interrumpatur ex posteriore alienæ rei scientia, licet ex titulo lucrativo cœpta est* [2]. » Ces mots *titulo lucrativo* font allusion à la divergence précitée des jurisconsultes qu'ils tranchent au profit des principes.

L'usucapion *pro emptore* donnait lieu à une anomalie que nous devons signaler. Les textes nous apprennent qu'alors la bonne foi était nécessaire, et au moment de la vente, et à l'instant de la tradition : « *Si sciens stipuler rem alienam*, lisons-nous dans un passage de Paul, *usucapiam, si cum traditur mihi existimem illius esse. At in emptione et illud tempus inspicitur quo contrahitur ; igitur, et bona fide emisse debet, et possessionem bona fide adeptus esse* [3]. » Pourquoi cette exception à la règle commune ? c'est ce qu'il est difficile d'indiquer exactement. Le mieux peut-être est de la constater sans en rechercher la cause [4].

---

1. L. 11, § 3, *De public. in rem. act.* (vi, 2).

2. L. 1, C., *De usucap. transf.* (vii, 31).

3. L. 2, pr., *Pro empt.* (xli, 4); — l. 48, *De usurp. et usucap.* (xli, 3).

4. D'après M. Demangeat (*Cours élémentaire du droit romain*, 1re édit., T. 1er, p. 559), « cette anomalie s'explique parce que très-probablement la loi des Douze Tables, à propos de l'usucapion comme l'édit prétorien, à propos de l'action publicienne, supposait expressément le cas d'un homme *qui bona fide emit*. (L. 7, § 2, *De public. in rem act.*, vi, 2). Alors les jurisconsultes, pour observer à la fois le texte de la loi et la règle générale, qui veut que la *bona fides* existe à l'*initium possessionis*, sont arrivés à dire : L'usucapion *pro emptore* suppose qu'il y a eu bonne foi non-seulement au moment de la tradition, mais encore au moment de la vente. — Maintenant, dans la loi des Douze Tables, s'agissait-il de ce que les jurisconsultes appellent *emptio venditio*, s'agissait-il du contrat de vente ? Non, il s'agissait plutôt de la mancipation. J'en trouve la preuve dans ce que dit Paul : « Si je vous remets une chose que je crois vous devoir *ex stipulatu*, et qu'en réalité je ne vous devais

Faut-il soumettre à cette restriction l'acquisition des fruits? Oui, dira-t-on, car la loi exige pour elle les mêmes conditions originaires que pour l'usucapion [1]. Nous nous opposons à cette déduction à cause du caractère exceptionnel de l'usucapion *pro emptore*.

(γ) En principe, l'usucapion s'applique à tous les biens. Les Instututes le disent clairement: « *Novissime sciendum est, rem talem esse debere ut in se non habeat vitium, ut a bonæ fidei emptore usucapi possit, vel qui ex alia justa causa possidet* [2]. »

Mais cette règle admet des exceptions, et même en assez grand nombre.

Ce qui n'est pas dans le commerce n'est pas susceptible d'usucapion : ainsi, les hommes libres, les choses sacrées et religieuses, les choses du domaine public [3].

pas, vous pourrez usucaper *pro soluto;* si au contraire je vous remets une chose que je crois avoir été *vendue* par mon auteur, si en réalité il n'y a pas *vente*, malgré votre bonne foi vous n'usucaperez ni *pro emptore* ni *pro soluto*. Pourquoi n'usucaperez-vous pas *pro soluto*, comme dans le cas précédent? Cela est inexplicable s'il s'agit d'un contrat de vente; cela s'explique très-bien s'il s'agit d'une mancipation. En effet, on ne peut avoir l'idée d'un payement qu'autant qu'on avait l'idée d'une dette : vous possédez *pro soluto* ce que vous avez reçu en qualité de créancier. Or, en vertu d'une mancipation qui aurait été faite à vous ou à votre auteur, vous ne seriez pas créancier; il n'y a donc pas place à l'idée de payement. Ainsi, je crois que la loi des Douze Tables parlait de mancipation : elle exigeait raisonnablement que l'homme fût de bonne foi au moment même où il serait devenu propriétaire si le mancipant avait eu le pouvoir de transférer la propriété. « En ce qui concerne l'usucapion *pro emptore,* ajoute le savant professeur, je ferai encore remarquer que très-probablement elle ne commence qu'autant que l'acheteur a payé son prix ou a satisfait autrement le vendeur. Il est naturel que l'acheteur soit *in causa usucapiendi* seulement à l'époque où il serait devenu propriétaire si la chose avait appartenu au vendeur. »

1. Il suffit pour s'en convaincre de rapprocher les textes où les *Institutes* établissent les conditions de l'une et l'autre. § 35, *J., De div. rer.* (II, 1); — pr., *J., De usucap.* (II, 6).

2. § 10, *J., De usucap.* (II, 6); — l. 24, § 1, *De usurp. et usucap.* (XLI, 3).

3. Gaii Com., II, § 48; — l. 9, *De usurp. et usucap.* (XLI, 3); — § 1, *J., De usucap.* (II, 6). — Mais les biens du domaine privé d'une cité sont soumis

L'acquisition des servitudes par usucapion avait été abolie par la loi *Scribonia*. « *Eam usucapionem* (et il s'agit d'une quasi-possession prolongée), nous dit Paul, *sustulit lex Scribonia quæ servitutem constituebat*[1]. » Ulpien fait remarquer que cette loi n'avait trait qu'aux servitudes prises séparément et qu'elle n'empêchait pas qu'en usucapant un immeuble, on acquît les servitudes qui en dépendaient : « *Hoc jure utimur, ut servitutes per se nusquam longo tempore capi possint, cum ædificiis possint*[2]. »

Gaius décide d'une façon générale à propos de l'usucapion des choses incorporelles : « *Incorporales res traditionem et usucapionem non recipere manifestum est*[3]. »

Dans l'ancien droit, les *res mancipi* d'une femme en tutelle ne s'acquéraient par usucapion que lorsqu'elle les avait livrées avec l'autorisation de son tuteur[4].

« *Furtivæ quoque res*, lisons-nous, aux Institutes[5], dans un passage emprunté aux Commentaires de Gaius, *et quæ vi possessæ sunt, nec si, prædicto longo tempore, bona fide possessæ fuerint, usucapi possunt : nam furtivarum rerum lex Duodecim Tabularum et lex Atinia*[6] *inhibent usucapionem; vi possessarum, lex Julia et Plautia.* » L'usucapion était impossible, que la chose volée ou occupée violemment eût été prise *apud dominum* ou chez un simple possesseur[7]. Le retour de l'objet soustrait ou envahi aux mains du pro-

---

au droit commun : « *Viginti annorum præscriptio etiam adversus rempublicam prodest ei qui justum initium possessionis habuit, nec medio tempore interpellatus est.* » Sent. Pauli, V, 2 § 4.

1. L. 4, § 20, *De usurp. et usucap.* (XLI, 3). (Voy. cependant *Sent*, I, 17, § 2.)

2. L. 10, § 1, *De usurp. et usucap.* (XLI, 3).

3. L. 43, § 1, *De acq. rer. dom.* (XLI, 1).

4. Gaii *Com.* II, § 47; — *Frag. Vatic.*, § 1.

5. § 2, J., *De usucap.* (II, 6); — Gaii *Com.* II, §§ 45, 49, 50.

6. Suivant Aulu-Gelle (*Nuits att.*, XVII, 7), la loi Atinia contenait cette disposition : « *Quod subreptum erit, ejus rei æterna auctoritas esto.* »

7. L. 4, § 23, *De usurp. et usucap.* (XLI, 3).

priétaire faisait disparaître le vice qui s'opposait à son acquisition par usucapion : « *Aliquando etiam furtiva vel vi possessa res usucapi potest, veluti si in domini potestatem reversa fuerit; tunc enim, vicio rei purgato, procedit ejus usucapio*[1]. » Seulement, il faut que le propriétaire ait connu cet état de son bien : « *Si ignorans rem mihi subreptam emam, non videri in potestatem meam reversam*[2]. »

Bien que les choses comprises dans une succession vacante appartinssent au fisc, dont les biens n'étaient pas soumis à l'usucapion, leur acquisition par la possession de bonne foi était néanmoins permise, tant que les agents du Trésor en ignoraient la dévolution[3]. « *Quamvis adversus fiscum usucapio non procedat, tamen ex bonis vacantibus, nondum tamen nunciatis, emptor prædii ex iisdem bonis exstiterit, recte diutina possessione capiet : idque constitutum est*[4]. » Cette décision, qui est de Modestin, se trouve confirmée aux Institutes : « *Res fisci nostri usucapi non potest; sed Papinianus scripsit, bonis vacantibus nondum nunciatis, bona fide emptorem traditam sibi rem ex his bonis usucapere posse : et ita divus Pius et divi Severus et Antoninus rescripserunt*[5]. » Le temps exigé pour usucaper ainsi contre le fisc est même moins long que celui de l'usucapion ordinaire. Il suffit que la possession ait duré quatre ans : « *Notum est, a fisco quæstionem post quadriennium continuum super bonis vacantibus inchoandam non esse*[6]. »

1. § 8, J., *De usucap.* (II, 6); — l. 215, *in fine, De verb. sign.* (L, 16); — l. 4, § 6, *De usurp. et usucap.* (XLI, 3).
2. L. 4, § 12, *De usurp.* (XLI, 3); — l. 86, *De furt.* (XLVII, 2); — l. 41, *De usurp. et usucap.* (XLI, 3).
3. V. au *Digeste, De jure fisci* (XLIX, 14).
4. L. 18, *De usurp. et usucap.* (XLI, 3). —V. l. 2, C., *Commun. de usucap.* (VII, 30).
5. § 9, J., *De usucap.* (II, 6).
6. L. 1, C., *De quadr. præsc.* (VII, 37). — V. M. de Savigny, *System.*, t. V, § 247, v.

De l'inaliénabilité du fonds dotal, décrétée par la loi Julia à l'égard du mari agissant seul, on avait conclu que son acquisition par usucapion était impossible : « *Vix est enim ut non videatur alienare qui patitur usucapi*[1]. » Mais cette restriction n'atteignait pas le bien en train d'être usucapé au moment de sa constitution en dot[2].

Paul, dans le but de faire ressortir une différence entre les biens, relativement à l'usucapion et à l'acquisition des fruits par le possesseur de bonne foi, disait : « *Nec interest ea res, quam bona fide emi, longo tempore capi possit necne; veluti si pupilli sit, aut vi possessa, aut præsidi contra legem repetundarum donata ab eoque abalienata sit bonæ fidei emptori*[3]. » Est-ce que par hasard l'usucapion des biens pupillaires a toujours été défendue? Il semble que non, d'après le texte suivant de Julien : « *Si tutor*, prétend-il, *rem pupilli subripuerit et vendiderit, usucapio non contingit, priùsquam res in potestatem pupilli redeat; nam tutor in re pupilli tunc domini loco habetur cum tutelam administrat, non cum pupillum spoliat*[4]. » Au Code, une constitution des empereurs Dioclétien et Maximien se prononce dans ce dernier sens : « *Contra eos qui res minorum tenent, si usucapione dominium acquisierint, restitutionis auxilium eis decerni debet*[5]. » En présence de textes aussi manifestement contradictoires on n'est pas sans éprouver un profond embarras pour découvrir la vraie théorie des Romains sur l'usucapion des biens des pupilles dans les temps antérieurs à Justinien, qui déclare toute prescription suspendue en faveur des impubères[6]. Plusieurs raisons nous

1. L. 28, Pr., *De verb. signif.* (I, 16).
2. L. 16, *De fund. dot.* (XXIII, 5). — V. Code Nap., art. 1561.
3. L. 48, pr., *De adq. rer. dom.* (XLI, 1).
4. L. 7, § 3, *pro emptore* (XLI, 4).
5. L. 3, C., *Si adversus usucap.* (II, 36).
6. L. 3, C., *De præscr.* XXX vel XL. ann. (VII, 39).

portent à donner raison à Julien. D'abord, le texte de Paul
nous est-il parvenu dans son intégrité? Voilà ce qui n'est
pas sûr en face de la leçon des *basiliques* qui donnent *po-*
*puli* (του δήμου) au lieu de *pupilli*. Puisque cette doctrine
est conforme à celle de Justinien, si elle avait été soutenue
avant lui, des extraits nombreux des jurisconsultes qui la
défendaient ne feraient pas défaut au Digeste. Or nous n'y
trouvons que ce passage de Paul[1]. Un passage de Callistrate
me paraît trancher la question : « *Etiam ei, qui priusquam*
*nasceretur, usucaptum amisit, restituendam actionem Labeo*
*scribit*[2]. » S'il est un cas dans lequel l'usucapion ne doive
pas courir, c'est assurément celui-ci.

(δ) L'usucapion, qui a lieu, en règle générale, quelle que
soit la nature des biens possédés, n'est pas admise quand
l'erreur du possédant est une erreur de droit : « *Juris igno-*
*rantiam in usucapione negatur prodesse; facti vero igno-*
*rantiam prodesse constat*[3]. » Cette différence, par rapport à
l'usucapion, entre les erreurs de droit et de fait ressort ad-
mirablement du passage suivant de Paul : « *Si a pupillo*
*emero sine tutoris auctoritate quem puberem esse putem,*
*dicimus usucapionem sequi ut hic plus sit in re quam in*
*existimatione*[4]. *Quod si scias pupillum esse, putes tamen*

---

1. L. 10, pr., *Quemad. serv. am.* (vii, 6) : « *Si communem fundum ego et*
*pupillus haberemus, licet uterque non uteretur, tamen propter pupillum et ego*
*viam retineo.* » Il est probable, dit-on, que Paul, l'auteur de cette loi, assimilait l'usucapion au non-usage. Supposition toute gratuite, car l'espèce peut
parfaitement n'être motivée que par l'indivisibilité des servitudes. V. Code
Nap., art. 710.

2. L. 45, pr., *De minor.* (iv, 4). « En somme, lisons-nous dans M. Demangeat (*Op. cit.*, 1re édit., p. 554), je crois que, du temps des jurisconsultes,
l'usucapion était impossible, non pas pour tous les biens du pupille, mais
pour les *prædia rustica* ou *suburbana*, qui ne pouvaient pas être aliénés sans
un décret du magistrat. »

3. 3, *De jur. et fact. ign.* (xxii, 6); — 1. 30, *pr.*, et. 1. 32, § 1, *De usurp.*
(xli, 3).

4. Il faut sans doute lire avec Cujas : « *Plus sit in existimatione quam*

*pupillis licere res suas sine tutoris auctoritate administrare, non capias usu quia juris error nulli prodest[1]. »*

(e) L'usucapion, organisée par Justinien, s'accomplit par une possession non interrompue de trois ans pour les meubles, et pour les immeubles de dix ans entre présents ou vingt ans entre absents[2].

En cas d'interruption, et il y a interruption dès que nous cessons de posséder, le temps écoulé antérieurement à ce fait ne compte pas pour l'usucapion. Du reste le moment précis de l'*usurpatio* est assez difficile à fixer. Le peu de concordance des textes porte à supposer que les Romains n'avaient point en cette matière de principe bien déterminé. Dans l'opinion générale des jurisconsultes, la possession se perd par le fait ou par l'intention : « *Possessionem amitti vel animo vel etiam corpore[3]* ; par le fait, quand la chose cesse d'être à notre disposition ; par l'intention, quand nous ne voulons plus la posséder.

Le temps de l'usucapion est achevé dès le commencement du dernier jour de possession. « *In usucapione ita ser-*

*in re.* » — « Cependant, dit M. Demangeat (*Opp. cit.*, 2ᵉ édit., t. 1ᵉʳ, p. 518, en note), la pensée de Paul est peut-être celle-ci : Si j'avais traité avec un pubère, comme je l'ai cru, je serais immédiatement devenu propriétaire ; mais, comme en réalité j'ai traité avec un impubère, j'ai besoin de l'usucapion. »

1. L. 2, § 15, *Pro emptore* (XLI, 4).
2. Excepté évidemment dans les cas de suspension.
3. L. 44, § 2, *De adq. vel. amit. poss.* (XLI, 2). — V. l. 3, §§ 6, 7, 8, 9, 11, 13, 17, 18; l. 4, § 22; l. 6, § 1; l. 13, *pr.*; l. 15; l. 25, *pr.* et § 2; l. 27; l. 29, *De adq. vel amit. poss.* (XLI, 2); l. 12, § 2, *De capt. et postlim.* (XLIX, 15).

Paul prétend que la possession ne cesse que lorsqu'on perd à la fois le fait et l'intention : « *Quemadmodum nulla possessio acquiri nisi animo et corpore potest, ita nulla amittitur, nisi in qua utrumque in contrarium actum est* (l. 28, *De adq. vel. amit. poss.* (XLI, 2), et l. 153, *De R. J.* (L., 17). » C'est là une opinion particulière de ce jurisconsulte, en complet désaccord avec les idées généralement reçues. Nous nous bornons à le constater, sans essayer une conciliation impossible. — V. M. Ortolan, *Explication des Instilutes de Justinien*, 6ᵉ édit., nº 538.

*ratur ut, etiamsi minimo momento novissimi diei possessa sit res, nihilominus repleatur usucapio, nec totus dies exigitur ad explendum constitutum tempus[1].* »

« *Diutina possessio*, nous apprennent les Institutes, *quæ prodesse cœperat defuncto, et heredi et bonorum possessori continuatur[2].* » Mais ce n'est pas seulement le successeur universel qui peut profiter de la possession de son auteur; le successeur particulier jouit des mêmes avantages : « *Inter venditorem quoque et emptorem conjungi tempora divi Severus et Antoninus rescripserunt[3].* » Une grande différence sépare néanmoins les deux cas. Le successeur universel usucape, « *licet ipse sciat prædium alienum[4],* » parce que, comme l'a écrit Paul, « *possessio defuncti quasi juncta descendit ad heredem[5].* » Le successeur particulier ne profite de la possession de son auteur que s'il est acquéreur de bonne foi : « *Si eam rem, quam pro emptore usucapiebas, scienti mihi alienam esse vendideris, non capiam usu[6].* » En revanche, malgré sa bonne foi, le successeur universel n'usucapera pas si la possession antérieure était illégitime : « *Quod si defunctus initium justum non habuit, heredi et bonorum possessori, licet ignoranti, possessio non prodest[7].* » Quant au successeur particulier, il lui est permis de commencer une possession nouvelle, s'il a acquis *ex justa causa et bona fide.*

Les Romains avaient fait de l'hérédité jacente une sorte de continuateur de la personne du défunt. Grâce à cette fic-

---

1. L. 15, pr., *De div. tempor. præscrip.* (XLIV, 3). — V. l. 9 et 7, *De usurp. et usucap.* (XLI, 3); — Aulu-Gelle, *Nuits att.*, III, 2.

2. § 12, J., *De usucap.* (II, 6). — V. l. 2, § 19, *Pro empt.* (XLI, 4); — l. 11, *De div. tempor. præscrip.* (XLI, 3); — l. 1, C., *De usucap. transf.* (VII, 31).

3. § 13, J., *De usucap.* (II, 6). — V. l. 2, § 20, *Pro empt.* (XLI, 4).

4. § 12, J., *De usucap.* (II, 6).

5. L. 30, pr., *Ex quib. caus. maj.* (IV, 6).

6. L. 2, § 17, *pro empt.* (XLI, 4).

7. § 12, J., *De usucap.* (II, 6). — Il n'en est pas ainsi de l'acquisition des

tion, l'usucapion courait au profit de l'héritier pendant la vacance de la succession : « *Cœptam usucapionem a defuncto, posse et ante aditam hereditatem impleri constitutum est*[1]. »

(ζ) Nous terminerons cet aperçu de la matière de la possession de bonne foi, en droit romain, par quelques mots sur les actions qui y sont relatives. « Pendant que l'usucapion courait, lisons-nous dans l'explication des Instituts de Justinien par M. Ortolan[2], comme elle était fondée sur une possession légale, tous les interdits destinés à protéger cette possession étaient applicables. Mais si par quelque événement le possesseur perdait la possession avant que l'usucapion fût accomplie, alors, selon le droit strict, n'étant plus possesseur, il n'avait plus d'interdits, et n'étant pas encore propriétaire, il n'avait pas d'action en revendication : la perte était pour lui irréparable. Dans cette position, un préteur, Publicius, introduisit en sa faveur une action honoraire, qu'on nomma action Publicienne (*Publiciana in rem actio*), à l'aide de laquelle il pût réclamer la chose comme s'il l'avait déjà acquise par l'usage. Cette action... fictice... avait été créée par l'édit pour celui qui, après avoir reçu la possession de bonne foi et pour une juste cause, l'avait ensuite perdue. Elle ne pouvait en général être intentée utilement ni contre le véritable pro-

___

fruits. — Nous reprocherait-on, par hasard, en vertu de la loi 2, au Code, *De fructibus et litium expensis* (VII, 51), de ne pas soumettre cette acquisition à la même restriction que l'usucapion ? Mais cette loi ne contredit nullement notre manière de voir. Elle s'occupe des fruits perçus depuis la demande (*post conventionem*); or il n'est point douteux qu'à cet égard l'héritier ne succède à l'obligation de restitution, née dans la personne de son auteur. — En accordant au successeur universel de bonne foi le droit de faire siens les fruits des choses héréditaires, nous sommes dans la rigueur des principes, puisque la possession, étant *res facti*, ne doit être envisagée que dans la personne du détenteur actuel.

1. L. 40, *De usurp. et usucap.* (XLI, 3). — V. l. 31, § 5, *eod.*
2. 6ᵉ édit., t. II, nᵒ 540.

priétaire, ni contre le possesseur qui avait lui-même des droits acquis. » — Quelques lignes plus loin, le savant jurisconsulte écrit : « Le temps de l'usucapion complétement révolu, le possesseur, étant devenu propriétaire, avait tous les droits que donne la propriété [1]. »

B. A l'exemple du droit romain, le Code Napoléon admet, au profit du possesseur de bonne foi, l'acquisition des fruits de la chose d'autrui et de la propriété elle-même.

(*a*) A l'égard de l'acquisition des fruits, voici en quels termes s'exprime la loi française : « Le simple possesseur ne fait les fruits que dans le cas où il possède de bonne foi [2]... » — « Le possesseur est de bonne foi quand il possède comme propriétaire, en vertu d'un titre translatif de propriété dont il ignore les vices [3]. »

(α) Par ces mots « titre translatif de propriété », il faut entendre tout titre susceptible, par sa nature, d'opérer la mutation de la propriété. Ainsi détenir une chose par vente, échange, succession, donation, etc., c'est la posséder en vertu d'un titre translatif de propriété [4]. — Les vices du titre sont les défauts dont il est entaché, et qui ont empêché le transport de la propriété de se produire. — La bonne foi du possesseur consiste à croire à une aliénation véritable.

Tout titre, quels que soient ses vices, qu'ils affectent le fond ou seulement la forme, qu'ils entraînent une nullité absolue ou simplement relative, pourvu que ce soit un acte qui, s'il avait été exempt de défaut, eût opéré la mutation de la propriété [5], peut servir de fondement à la possession

---

1. M. Ortolan, *Op. cit.*
2. C. N., art. 549.
3. C. N., art. 550.
4. Il faut assimiler aux titres translatifs de propriété les titres constitutifs de droits d'usufruit et d'usage.
5. C. N., art. 550.

de bonne foi. C'est ce que prouve la généralité de la disposition qui ne fait aucune distinction entre les vices susceptibles d'entacher les rapports juridiques; généralité d'autant plus expressive que la loi a cru nécessaire de décider différemment pour l'usucapion[1].

Le possesseur de bonne foi, actionné en revendication, doit, pour conserver les fruits perçus, fournir le titre translatif de propriété en vertu duquel il possède. C'est fort naturel, puisqu'il invoque une exception à la règle, que la propriété d'une chose emporte un droit exclusif aux fruits qu'elle produit, et que les exceptions ne se présument pas[2].

1. C. N., art. 2267.

2. En prétendant que le possesseur doit fournir le titre translatif de propriété en vertu duquel il possède, nous contredisons l'opinion de bon nombre d'auteurs des plus estimés.

Après avoir dit, sous le n° 591, que les art. 549 et 550 déterminent les conditions suivant lesquelles le simple possesseur fait les fruits siens, M. Demolombe, sous le n° 596, ajoute : « La vérité est qu'il n'y a qu'*une seule condition* exigée, à savoir : *la bonne foi*, c'est-à-dire la croyance où le possesseur doit être que la chose lui appartient légitimement. — ... Mais, pour que cette bonne foi soit admissible, la loi exige qu'elle repose sur une cause légitime d'erreur; ce n'est pas que *le titre translatif de propriété soit une condition spéciale et distincte de la bonne foi;* il n'en est au contraire qu'un élément et un moyen de preuve. — ... Voilà ce qui résulte de la rédaction comparée des articles 549 et 550, qui exigent en effet comme unique condition que le possesseur soit de bonne foi, en présentant seulement le titre comme un élément de cette bonne foi. La rédaction de l'art. 2265 est, sous ce rapport, très-différente, lorsqu'elle exige cumulativement que le possesseur ait acquis de bonne foi et par juste titre. — T. IX, 1re éd., p. 530. » — MM. Aubry et Rau, *Cours de droit civil* (3e éd., p. 211), sont du même avis. « En matière de perception de fruits, disent-ils, le titre n'est pas exigé comme condition distincte de la bonne foi, mais seulement comme élément ou comme moyen de preuve de cette dernière, et par le motif qu'en général la bonne foi ne saurait se présumer de la part de celui qui possède sans titre. » — Voir aussi du Caurroy, Bonnier et Roustain, II, 100.

Pour ces messieurs, le texte fondamental de la matière est l'art. 549, dont l'art. 550 n'est qu'une explication. D'après nous, les conditions de la possession de bonne foi sont formulées dans l'art. 550. Ainsi, dans notre sentiment, ces deux textes peuvent se traduire de cette façon : « Le simple possesseur ne fait les fruits siens que lorsqu'il possède comme propriétaire, en vertu d'un titre translatif de propriété dont il ignore les vices (art. 550; — on le nomme alors

Est-ce aussi à lui de démontrer son ignorance des vices dont ce titre est entaché [1] ? A ne prendre que les textes de la matière, on répond affirmativement. Peut-être faut-il repousser cette interprétation judaïque et appliquer la disposition de l'article 2268 du Code Napoléon sur la prescription par dix et vingt ans : « La bonne foi est toujours présumée, et c'est à celui qui allègue la mauvaise foi à la prouver. » Du reste, que l'on présume ou non la bonne foi du possesseur, une chose incontestable c'est qu'elle existe, que l'ignorance des vices du titre soit le résultat d'une erreur de

possesseur de bonne foi (art. 549). » Aussi ne trouvons-nous aucune différence entre leur rédaction et celle de l'art. 2265, dont les expressions : « acquérir de bonne foi et par juste titre » signifient, à notre avis : « par juste titre », en vertu d'un titre translatif de propriété, et « de bonne foi », avec ignorance des vices dont ce titre est entaché. — Nous doutons que cette interprétation de l'art. 2265 puisse être sérieusement contestée. Nous aurons occasion d'y revenir à propos de la prescription par dix et vingt ans. Celle que nous donnons des art. 549 et 550 n'est pas moins exacte. — L'existence de la bonne foi étant en principe indépendante d'une cause déterminée, une déduction rigoureuse conduit l'opinion que nous combattons à admettre, par exemple, que l'acquisition des fruits de la chose d'autrui est possible au profit du voleur, qui s'imagine que le vol est un moyen légitime d'enrichissement. Tout le monde repousse cette solution. N'est-ce pas reconnaître qu'il s'agit ici d'une bonne foi motivée? Selon quelques auteurs, tout motif est admissible, pourvu qu'il ne repose pas sur une incurie trop notoire. Pourquoi alors le premier alinéa de l'art. 550? De quel droit remplacer par des dispositions générales la spécialité établie par cet article? Le législateur avait, ou à abandonner l'appréciation des motifs aux magistrats, ou à les indiquer expressément lui-même. C'est ce dernier parti qu'il a suivi, et à bon escient. En effet, dire que l'ignorance des vices du titre translatif de propriété constitue la bonne foi utile à l'acquisition des fruits de la chose d'autrui, ou que cette acquisition exige un titre translatif de propriété dont le possesseur ignore les vices, n'est-ce pas la même chose? Le titre translatif de propriété est, par conséquent, un élément nécessaire de la bonne foi à l'effet de faire siens les fruits de la chose d'autrui.

1. La connaissance d'un vice relatif ne constitue pas le possesseur de mauvaise foi vis-à-vis du propriétaire revendiquant. Un vice de cette sorte n'empêche pas le transport de la propriété. Le possesseur avait donc le droit de se croire réellement propriétaire. S'il est tenu de restituer les fruits à ceux qui exercent l'action en nullité, ce n'est point qu'il ne les ait pas acquis, mais à cause des dispositions spéciales aux actions de cette espèce qui remettent les parties en l'état où elles eussent été si l'acquisition n'avait pas eu lieu.

droit ou d'une erreur de fait. La loi n'exige pas que cette ignorance ait un motif déterminé, elle l'admet donc quelle que soit sa cause.

(β) Les droits du possesseur aux fruits de la chose qu'il détient de bonne foi sont identiquement les mêmes que ceux d'un usufruitier. La loi lui accorde *les fruits;* or ce qu'il faut entendre par fruits, le Code nous l'apprend au titre de l'usufruit. Tous les émoluments qui ne sont pas des fruits appartiennent au propriétaire; le possesseur qui les a perçus est tenu de les lui restituer [1].

L'acquisition des fruits, conséquence de la seule possession, ne comprend que ceux produits pendant sa durée. Le possesseur n'a donc aucun droit sur ceux dont l'existence est antérieure ou postérieure à ce fait [2].

Le droit du possesseur aux fruits ne se réalise que lorsqu'ils existent, et ils n'existent que quand ils sont séparés de la chose qui les produit. En effet, c'est alors seulement que la chose et son fruit deviennent des propriétés distinctes [3]. Tant que la séparation n'est pas opérée, il n'y a point de fruits et partant pas d'objet d'un droit de propriété pour le possesseur, qui est simple détenteur des fruits futurs comme de la chose productive. Mais dès que cet événement s'accomplit, les fruits lui sont acquis [4], ainsi qu'ils

---

1. Sauf pour les fruits, et en dehors de l'exception de l'art. 555 du Code Napoléon, la position du possesseur de bonne foi est la même que celle du possesseur de mauvaise foi. — V. en ce sens : Duranton, IV, 350; — Chavot, *De la propriété mobilière,* II, 173 et 174; — Rivière, *Revue de législation,* 1851, III, p. 316 et s.; — Demolombe, IX, 622 et XIII, 17; — Aubry et Rau, 6ᵉ éd., II, § 206; — Req., rej., 8 décembre 1836, Sir., 30, 1, 75. — En sens contraire, Marcadé, sur l'art. 549, n° 2.

2. Celui qui a pris possession des biens d'une succession à laquelle il se croyait appelé, a, grâce à l'effet rétroactif de l'acceptation, droit aux fruits recueillis depuis l'ouverture comme à ceux qu'il percevra lui-même.

3. L. 44, D., *De rei vindic.* (vi, 1) : « *Fructus pendentes pars fundi videntur.* »

4. Le plus souvent on fait commencer cette acquisition au moment de la

auraient pu l'être par le propriétaire, auquel le Code, sous
ce rapport, assimile complétement le possesseur, assimilation qui nous conduit à lui donner droit même aux fruits
civils.

On accorde que le propriétaire qui vend un bien produisant des fruits civils peut réclamer une part des revenus [1].
N'est-ce pas reconnaître que la partie des revenus, qui cor-
respond à un quantième quelconque du temps de la location, est acquise, c'est-à-dire est un fruit, dès que ce quantième est écoulé? Ce qui est fruit pour le propriétaire doit
l'être pour le possesseur, par conséquent la partie de la
location afférente à la durée de la possession appartient à ce
dernier [2].

Le possesseur, en perdant la bonne foi, cesse de faire
les fruits siens. Désormais possesseur de mauvaise foi, il
est tenu de toutes les obligations qui incombent à un pareil
détenteur.

Le possesseur perd la bonne foi dès qu'il obtient connais-

perception. Il nous semble préférable, par application de l'art. 585 du Code
civil, de s'attacher à l'instant de la séparation.

1. Le plein propriétaire a tout au moins les droits d'un usufruitier (C. N.,
art. 586).

2. Les auteurs en général repoussent notre solution. — Leur principal
argument consiste à soutenir que la perception, d'où découle le droit de propriété du possesseur, n'aurait lieu à l'égard des fruits civils qu'en les touchant.
Pour nous, les fruits, quels qu'ils soient, appartiennent au possesseur comme
ils appartiendraient au propriétaire. Si celui-ci acquiert chaque jour une partie des fruits civils, le premier aussi. — On se fonde encore sur les précédents
historiques, le droit romain et notre ancienne jurisprudence. Le droit romain
est ici sans influence aucune, car sa théorie, abandonnée par notre ancien
droit, n'a pas été admise par le Code. Quant à la doctrine des Parlements,
elle n'était pas, sur le point discuté, assez solidement établie pour prévaloir
contre une disposition implicitement établie par la place que, sous une même
rubrique, les art. 549 et 550 occupent à la suite des textes relatifs aux droits
du propriétaire sur les fruits de sa chose (C. N., art. 547 et 548).—V. en notre
faveur : Domat, *Lois civiles*, liv. III, tit. v, sect. iii, n° 8; — Zachariæ, § 201;
— contre : Taulier, II, p. 265; — Demolombe, IX, 627 et 628; — Aubry et
Rau, 6° éd., II, § 206, n° 6. — Voir aussi, sur l'art. 586, Proudhon, II, 923.

sance de vices de son titre soit par l'effet d'une demande
judiciaire ou d'une sommation extrajudiciaire, soit de
toute autre manière [1]. C'est ce qui résulte clairement de
la disposition finale de l'article 550 : « Il (le possesseur)
cesse d'être de bonne foi du moment où ces vices lui sont
connus [2]. »

(*b*) La possession de bonne foi ne donne pas seulement
droit aux fruits de la chose d'autrui, elle peut aussi conduire
à l'acquisition de la propriété elle-même.

(α) Quelles sont les conditions de la possession à l'effet
d'usucaper? « Celui, nous dit le Code Napoléon, qui acquiert de bonne foi et par juste titre un immeuble, en pres-
crit la propriété par dix ans, si le véritable propriétaire
habite dans le ressort de la cour royale, dans l'étendue de
laquelle l'immeuble est situé; et par vingt ans, s'il est domicilié hors dudit ressort [3]. » Et, dans l'article 2266, il ajoute :
« Si le véritable propriétaire a eu son domicile en différents
temps dans le ressort et hors du ressort, il faut, pour compléter la prescription, ajouter à ce qui manque aux dix ans
de présence [4] un nombre d'années d'absence double de celui
qui manque pour compléter les dix ans de présence. » Ainsi,

1. Dans notre ancienne jurisprudence, quelques auteurs exigeaient une
demande libellée pour rendre le possesseur de bonne foi de mauvaise foi. —
V. à ce sujet : *Ordonnance de 1539*, art. 94; Rousseau de la Combe, v° *Fruits*,
sect. 1; — Pothier, *De la propriété*, n° 342. — V. aussi Aubry et Rau, 6° éd.,
II, § 206.

2. Il appartient aux tribunaux de décider à partir de quel moment le possesseur a cessé d'être de bonne foi en acquérant, n'importe par quelle voie,
la connaissance des vices de son titre. C'est là une pure question de fait dont
le mal jugé ne donnerait pas ouverture à un recours en cassation. — V. Toul-
lier, III, 76; — Duranton, IV, 362; — Taulier, II, p. 265; — Demante, *Cours*,
II, 385 *bis*, VII; — Aubry et Rau, 6° éd., II, § 206; — Demolombe, II, 630.

3. C. N., art. 2265.

4. Au lieu de : « Il faut ajouter à ce qui manque aux dix années de présence », on doit lire : « Il faut ajouter aux années de présence. » — V. Marcadé, sur les art. 2265 à 2269, n° 5; — Aubry et Rau, II, § 218, note 36.

juste titre d'acquisition et bonne foi de l'acquéreur, telles sont les conditions de la possession requises pour usucaper.

La possession, considérée en elle-même, n'offre rien de particulier à notre sujet. La possession exigée pour la prescription acquisitive est exactement la même que celle demandée pour la prescription ordinaire.

Qu'est-ce que ce titre dont parle l'article 2265 ? L'usucapion peut-elle se fonder sur toute espèce de rapport de droit ? Non ; il faut un titre d'acquisition, c'est-à-dire un titre translatif de propriété, car l'acquisition suppose nécessairement une aliénation, et l'aliénation un rapport de droit ayant pour objet la transmission de la propriété.

Ce titre d'acquisition doit être juste. Que signifie ce mot « juste ? » Évidemment il ne s'agit pas d'un titre parfait. Avec un titre semblable, l'usucapion est inutile, l'acquisition irrévocable de la propriété concordant alors avec la conclusion de l'acte d'aliénation [1]. S'il ne s'applique pas au titre en son entier, auquel de ses éléments se rapporte-t-il ? Est-ce à sa nature, est-ce aux conditions légales de son existence ? Plusieurs auteurs tiennent pour ce dernier parti [2]. Malheureusement leur opinion est contredite par la disposition exceptionnelle de l'article 2267. Si « juste » avait un pareil sens, cet article serait inutile, l'acte nul pour défaut de forme s'étant accompli en dehors des conditions légales. Il a donc trait à la nature du titre. Or, dans le langage juridique, juste titre est synonyme de titre valable. Si nous supposons un rapport de droit exempt de tout vice, quel caractère particulier doit-il présenter pour être valable quant à l'acquisition de la propriété ? Il importe qu'il soit susceptible d'en opérer la mutation. Un titre de sa nature translatif de propriété, voilà donc le juste titre d'ac-

1. C. N., art. 1583. — L'art. 1585 fait exception à cette règle.
2. Troplong, II, 873 ; — Aubry et Rau, II, n° 218, note 17.

quisition exigé par l'article 2265 pour la prescription par dix
et vingt ans.

La bonne foi de l'acquéreur consiste à croire que le
transfert de la propriété s'est réellement opéré à son profit,
en vertu de ce titre de mutation. Que cette croyance, au
surplus, soit le résultat d'une erreur de droit ou d'une
erreur de fait, peu importe; car la bonne foi est la conséquence d'un état intellectuel dont l'existence en soi est indépendante de la cause qui lui a donné naissance.

(β) Nous avons vu que le possesseur de la chose d'autrui cessait de faire les fruits siens dès qu'il perdait la bonne
foi. Pour l'usucapion, la continuité de la bonne foi n'est
pas exigée; il suffit qu'elle ait existé au moment de l'acquisition [1]. Encore est-elle présumée, et c'est à celui qui
allègue la mauvaise foi à la prouver [2].

Les tribunaux apprécient souverainement ces questions
de bonne ou de mauvaise foi.

La connaissance d'une nullité relative, viciant son titre
d'acquisition, ne constituerait pas l'acquéreur de mauvaise
foi. De pareils vices n'empêchent pas la translation de propriété. Rescindable à l'égard de quelques-uns, cette mutation, dès l'instant de sa réalisation, est parfaite vis-à-vis de
tous ceux qui n'ont point droit d'exercer l'action en nullité,
comme elle deviendra définitive à l'encontre des premiers,
s'ils négligent d'intenter la rescision en temps utile. Aussi,
bien que soumis à une action de cette nature, l'acquéreur
est-il en droit de se croire véritable propriétaire. Or la
loi n'exige qu'une semblable croyance pour l'existence de
la bonne foi [3].

---

1. C. N., art. 2265. — Le droit canon voulait que la bonne foi existât pendant toute la durée de l'usucapion. --V. C. 5 et C. 20, X, *De præscript.* (II, 26).

2. C. N., art. 2268.

3. V. en ce sens : Gaii *Com.*, II, 4; — pr., J., *De usucap.* (II, 6); — l. 27,

(γ) En principe, tout titre de sa nature translatif de propriété peut, quels que soient les vices dont il est entaché et qui ont empêché la mutation de propriété de se réaliser, servir de base à la prescription par dix et vingt ans. C'est ce qui résulte de la généralité de l'article 2265, qui ne distingue pas entre les défauts susceptibles d'affecter les actes de transmission.

« L'acte nul pour défaut de forme, est-il dit dans l'article 2267, ne peut servir de base à l'usucapion. » Disposition inutile, car un tel acte n'est pas un juste titre, puisque toutes les conditions immédiates de son existence n'ont point été remplies.

Quelques auteurs [1] veulent assimiler aux nullités de formes les nullités intrinsèques absolues qui frappent certaines dispositions, prohibées à raison de leur nature même, comme les donations à cause de mort et les substitutions. Mais cette assimilation est inexacte, car ici l'erreur porterait non sur les conditions immédiates, mais sur les conditions médiates de la formation des rapports juridiques.

(δ) Sauf les servitudes, qui ne s'acquièrent que par la possession de trente ans comme elles ne s'éteignent que par le non-usage pendant un même nombre d'années, tous les immeubles susceptibles d'être prescrits peuvent être usucapés.

(ε) Pour que l'usucapion s'accomplisse la possession doit durer dix ans, si le véritable propriétaire habite dans le ressort de la cour royale dans l'étendue de laquelle l'immeuble est situé; et vingt ans, s'il est domicilié hors dudit

---

D., *De cont. empl.* (xviii, 1); — l. 110, D., *De V. S.* (l, 10); — l. 1, C., *De usucap. transf.* (vii, 31); — Dunod, part. I, chap. viii, p. 18; — Duranton, XXI, 384 et 385; — Zachariæ, § 217, texte et note 16; — Aubry et Rau, § 218, texte et note 23. — V. en sens contraire : Troplong, II, 917 à 922; — Taulier, VII, p. 186 et 187; — Marcadé, sur les art. 2265 à 2269.

1. V. Troplong, II, 903; — Marcadé, sur les art. 2265 à 2269; — Aubry et Rau, II, § 218, note 7.

ressort. L'emploi simultané, dans l'article 2265, des expressions « habitation et domicile » a soulevé une petite difficulté. Est-ce à l'habitation, est-ce au domicile, qu'il convient de s'attacher pour déterminer le temps de la prescription acquisitive? Il nous semble que c'est au domicile. N'est-ce pas un principe de notre droit, dans le règlement des affaires juridiques, de tenir les personnes qu'ils intéressent pour présentes à leur domicile et non au lieu de leur habitation? L'article 2266, en ne parlant que de domicile, rend cette opinion certaine.

Le temps de l'usucapion court dès la conclusion de l'acte d'aliénation; telle est la règle. Mais, lorsque le transport de la propriété ne doit s'accomplir que postérieurement à ce fait, le commencement de la prescription se trouve retardé jusqu'à l'instant du transfert.

(ç) Si le titre d'acquisition est conditionnel, à quelle date fixer le point de départ de l'usucapion? Les auteurs distinguent entre la condition résolutoire et la condition suspensive. Dans le premier cas, la prescription courrait dès l'aliénation; dans le second, à partir seulement de la réalisation de la condition [1]. Seul, M. Duranton soutient que la condition suspensive doit produire les mêmes effets que la condition résolutoire [2]. Je suivrai ce sentiment. Si l'opinion *quasiti dominii* existe au profit de l'acquéreur sous condition résolutoire, je n'aperçois pas pourquoi on la refuserait à celui qui a acheté sous condition suspensive, attendu que l'on peut détenir une chose par un autre comme par soi-même. N'ont-ils pas l'un et l'autre une propriété, une possession incertaine jusqu'à la réalisation de la condition? Si elle s'accomplit, leurs droits respectifs ne dateront-ils pas

---

1. L. 2, § 2, D., *Pro empt.* (XLI, 1); — Pothier, n° 90; — Troplong, II, 900; — Marcadé, sur les art. 2265 à 2269; — Aubry et Rau, § 218 et note 12.
2. Duranton, XXI, 370.

de la convention? Il faut ou refuser ou accorder à tous les deux l'opinion *quæsiti dominii*. Nous l'accordons à l'un et à l'autre parce qu'il nous paraît conforme à l'esprit de la loi d'assimiler, dans les limites du possible, l'acquéreur de bonne foi et avec juste titre au véritable propriétaire[1]. Or, pour celui-ci, que la condition de son achat soit suspensive ou résolutoire, si elle se réalise, le droit de propriété existe dès la formation du rapport de droit.

(η) C'est encore cette assimilation de l'acquéreur par juste titre et de bonne foi au véritable propriétaire qui nous porte à penser que la bonne foi n'est nécessaire qu'au moment où la mutation est déterminée, alors même qu'elle serait incertaine jusqu'à l'arrivée d'un événement quelconque. Ainsi dans les ventes sous condition nous ne l'exigerons qu'à l'instant du contrat, et pour les legs au moment où le légataire est sûr de son droit à la chose léguée.

(θ) Que l'hypothèque assise sur un bien que nous sommes en train d'usucaper puisse s'éteindre par la prescription de dix et vingt ans, c'est incontestable en présence des termes suivants de l'article 2180 : « Quant aux biens qui sont dans les mains d'un tiers détenteur, elle (la prescription, sans distinguer laquelle, ordinaire ou acquisitive) lui est acquise par le temps réglé pour la prescription de la propriété à son profit. » L'article ajoute : « dans le cas où la prescription suppose un titre (quoi de plus caractéristique!), elle ne commence à courir que du jour où il a été transcrit sur les registres du conservateur. »

(ι) D'après l'article 2235 du Code Napoléon, on peut compléter une prescription en joignant à sa possession celle de son auteur. Cette disposition ne profite au successeur à

---

1. Tel n'était pas le système romain. (Voy. Ulpien, l. 1, pr, *De in diem addictione*, D. (xviii, 1) : « *Ubi autem conditionalis venditio est, negat Pomponius usucapere eum (emptorem) posse, nec fructus ad eum pertinere.* »

titre particulier que lorsque sa propre acquisition a eu lieu dans toutes les conditions requises pour l'usucapion. Quant au successeur à titre universel, il s'identifie dans son auteur.

(x) A l'égard de tous autres que le véritable propriétaire, celui qui usucape un bien sera le plus souvent, grâce aux actions possessoires, considéré comme l'ayant réellement acquis.

Les exceptions, pour cause d'erreur, aux règles nécessaires de la création des actes juridiques que nous venons de signaler ne sont pas les seules que nous présentent le droit civil romain et le Code Napoléon. Nous devons encore mentionner les suivantes.

7. Le droit romain admet la validité des ventes consenties par le possesseur de bonne foi d'une hérédité dans le cas où l'éviction éprouvée par l'acheteur, également de bonne foi, donnerait ouverture à un recours en garantie, dont le résultat serait de faire supporter à l'héritier apparent une condamnation plus forte que s'il eût été directement actionné par la pétition d'hérédité [1].

8. Après avoir posé en principe que « pour payer valablement, il faut être propriétaire de la chose donnée en payement et capable de l'aliéner », l'article 1238 de notre Code ajoute : « Néanmoins le payement d'une somme en argent ou autre chose qui se consomme par l'usage ne peut être répété contre le créancier qui l'a consommée de bonne foi, quoique le payement en ait été fait par celui qui n'en était pas propriétaire ou qui n'était pas capable de l'aliéner [2]. »

Pour invoquer la disposition exceptionnelle de notre

---

1. L. 25, § 17, *De hered. petit.* (v, 3); — V. L. 13, § 4, *eod.*; — Vinnius, *Select. quæst.*, lib. I, cap. xxiii : « *Sed ita demum emptorem conveniri placet, si res aliter petitori salva esse non potest...* »

. V. C. N., art. 1380 et 1377, 2ᵉ alinéa.

article, le créancier est-il tenu de justifier sa bonne foi?
Nous pensons que oui, car il nous paraît d'une saine interprétation de mettre le fardeau de la preuve à la charge de
ceux qui se prétendent fondés à demander l'application
d'une loi dérogatoire.

9. Bien qu'un payement ne soit valable que s'il a été fait
à quelqu'un justement autorisé à recevoir, le Code, prenant
en considération l'erreur du débiteur, déclare, article 1240 :
« Le payement fait de bonne foi à celui qui est en possession
de la créance, est valable, encore que le possesseur en soit
par la suite évincé. »

Posséder une créance, aux termes de notre article, c'est
la détenir en vertu d'un titre tel que quiconque ne connaît
certaines circonstances particulières qui le vicient, est légitimement en droit de prendre le possesseur pour un véritable propriétaire. La bonne foi exigée par notre article consiste dans l'ignorance des circonstances particulières de
l'espèce en question, ce qui semble exclure l'erreur de droit.
Mais, pas plus ici que pour l'art. 1238, nous n'admettons
l'extension donnée par les auteurs à la disposition bienveillante de l'article 2268, dont la généralisation imposerait,
à l'encontre du droit commun, au propriétaire de la créance
acquittée l'obligation de prouver la mauvaise foi du *solvens*.

10. Aux termes de l'article 2180 du Code Napoléon, « les
priviléges et hypothèques s'éteignent par l'extinction de
l'obligation principale. » Dérogeant à cette règle, l'art. 1299
déclare que « celui qui a payé une dette qui était, de droit,
éteinte par la compensation, ne peut plus, en exerçant la
créance dont il n'a point opposé la compensation, se prévaloir, au préjudice des tiers, des priviléges et hypothèques
qui y étaient attachés, à moins qu'il n'ait eu une juste
cause d'ignorer la créance qui devait compenser sa dette. »
Personne ne niera que ce ne soit à celui qui demande qu'on

lui applique la disposition bienveillante de l'article 1299 à prouver qu'il avait une juste cause d'ignorer la créance compensant sa dette.

Quant à la nature de l'erreur alléguée elle est sans importance, puisque l'article 1299 n'exige qu'une chose, c'est qu'elle soit excusable.

11. Le mandat expiré, les droits du mandataire n'existent plus.

Contrairement à cette règle, les articles 2005, 2008, 2009 du Code civil disposent :

« Article 2005. La révocation (du mandat) notifiée au seul mandataire ne peut être opposée aux tiers qui ont traité dans l'ignorance de cette révocation, sauf au mandant son recours contre le mandataire.

« Article 2008. Si le mandataire ignore la mort du mandant, ou l'une des autres causes qui font cesser le mandat, ce qu'il a fait dans cette ignorance est valide.

« Article 2009. Dans les cas ci-dessus, les engagements du mandataire sont exécutés à l'égard des tiers qui sont de bonne foi. » Et par les « cas ci-dessus » il faut particulièrement entendre les articles 2006 et 2008.

Les exceptions précédentes, résultant seulement de l'ignorance de l'expiration du mandat, ne paraissent pouvoir se fonder que sur des erreurs de fait. Il nous semble même que, d'après l'esprit de nos articles, on serait mal venu à vouloir en profiter, non-seulement parce que l'on a pris pour non valable la révocation valable d'un mandataire, mais encore lorsque l'on a agi avec une trop grande incurie.

Rejetant ici, par les mêmes raisons que précédemment, l'extension que l'on a tenté de donner si souvent à la disposition de l'article 2268, nous croyons que c'est au tiers à prouver la bonne foi qu'il allègue à l'encontre du mandant, en justifiant l'erreur de fait par suite de laquelle il a traité avec un mandataire dont les pouvoirs étaient expirés.

Nous trouvons au Digeste une décision d'Ulpien qui a peut-être inspiré les articles 2005 et suivants du Code Napoléon : « *Sed et si quis mandaverit*, enseigne le jurisconsulte romain, *ut Titio solvam, deinde vetuerit eum accipere, si ignorans prohibiturum eum accipere, solvam, liberabor; sed si sciero, non liberabor*[1]. » La manière de voir d'Ulpien est en contradiction formelle avec celle d'Africain. D'après lequel : « *Si debitorem meum jusserim Titio solvere, deinde Titium vetuerim accipere, et debitor ignorans solverit : ita eum liberari existimavit, si non ea mente Titius nummos acceperit, ut eos lucretur; alioquin, quoniam furtum eorum sit facturus, mansuros eos debitoris, et ideo liberationem quidem ipso jure non posse contingere debitori, exceptione tamen ei succurri æquum esse si paratus sit conditionem furtivam, quam adversus Titium habet mihi præstare*[2]... » Ainsi ce qui n'était qu'une pure faveur aux yeux d'Africain est devenu un droit pour Ulpien, qui s'exprime dans des termes tellement identiques à ceux employés par Africain, qu'on est porté à penser qu'il avait, en rédigeant sa décision, celle de ce jurisconsulte sous les yeux. Nous ne tenterons pas une conciliation entre des solutions si différentes. Deux principes contraires ne concorderont jamais[3]. Nous dirons seulement qu'il est probable que dans le premier état du droit romain un mandat révoqué ne conférait aucune capacité, mais que, petit à petit, on se relâcha de cette rigueur, d'abord en accordant une exception à celui qui, par suite d'une erreur excusable vis-à-vis du mandant, aurait traité avec son ancien mandataire, puis en le libérant de plein droit de toute poursuite.

1. L. 12, § 2, *De solut.* (xlvi, 3). — V. l. 18, *eod.*
2. L. 38, § 1, *De solut.* (xlvi, 3).
3. M. Pellat, *Textes choisis*, p. 108, rejette toutes les conciliations proposées par divers auteurs comme insuffisantes ou arbitraires.

**12.** A Rome, toute action, une fois introduite en justice, était éteinte. Néanmoins, lorsqu'elle avait été dirigée contre un pupille auquel un *falsus tutor* aurait donné l'*auctoritas*, le préteur accordait la restitution [1].

**13.** « De même, lisons-nous dans le traité du droit romain de M. de Savigny [2], quand l'on réclamait en totalité une dette de la succession à un des cohéritiers qui se donnait faussement comme seul héritier, celui-ci était tenu d'acquitter toute la dette, et le créancier n'avait plus de recours contre les cohéritiers. Mais si l'héritier assigné à tort en payement de toute la dette se trouvait insolvable, le préteur accordait une restitution contre les autres héritiers [3]. »

A vrai dire, c'est peut-être beaucoup moins l'erreur que la faute le plus souvent excusable des tiers qui est la cause de ces deux décisions dérogatoires.

**14.** Ulpien prévoit le cas où l'ouverture d'un testament, qui contient des dispositions conditionnelles, aurait été, par mesure législative, retardée durant le temps utile pour remplir les conditions prescrites. L'héritier ou le légataire, faute de les connaître, ne les ont-ils pas exécutées dans le délai indiqué, le jurisconsulte leur accorde le droit de se faire restituer [4].

Ici aussi, nous semble-t-il, la restitution est plutôt motivée par l'impossibilité justifiée d'agir que par l'erreur.

Du reste, dans ces trois derniers cas, il est évident qu'il ne saurait être question que d'erreur de fait.

**15.** Nous terminerons cette énumération des exceptions, motivées par l'erreur, aux règles nécessaires de la création

---

1. L. 1 § 6; — ll. 2-6, *Quod falso* (xxvii, 6). — En cas de mauvaise foi du tuteur, on pourrait choisir entre la restitution ou le recours contre lui. — V. l. 7; — l. 10, *Quod falso* (xxvii, 6).
2. *Syst.* III, app. vii, § 10. — V. *eod.*, § 27, note n.
3. L. 18, *De interrog.* (xi, 1).
4. L. 3, § 31, *De sc. Silan.* (xxix, 5).

des actes juridiques, en rappelant le privilége créé par l'article 1380 du Code Napoléon au profit de ceux qui reçoivent de bonne foi une créance non réellement due : « Si celui qui a reçu de bonne foi a rendu la chose, il ne doit restituer que le prix de la vente [1]. »

---

Puisque règle et exception s'excluent mutuellement, l'une étant la négation de l'autre, personne ne doit s'attendre à ce que, revenant sur nos pas, nous allions, au point de vue d'une théorie générale des effets de l'erreur, rechercher, dans un coup d'œil d'ensemble, comme une sorte de principe d'où découleraient les dispositions dérogatoires que nous venons de signaler.

Nous nous permettrons seulement de remarquer que, par rapport à la nature de l'erreur qui les a motivées, ces exceptions, tant en droit romain qu'en droit français, peuvent se diviser en trois catégories :

Dans la première, se rangeront celles qui se fondent seulement sur une erreur de fait excusable;

Dans la seconde, celles qui admettent l'erreur de fait excusable ou non;

Dans la troisième, celles qui ne distinguent pas entre l'erreur de fait excusable ou inexcusable et l'erreur de droit.

Par conséquent, l'influence de l'erreur n'est pas, dans ces hypothèses au moins, régie d'une façon précise. Il s'agit simplement de solutions toutes spéciales à un sujet donné, que l'équité, en présence de situations pleines d'intérêt, a seule inspirées.

Cette exposition préliminaire, exigée par l'importance

---

1. C. N., art. 1377 à 1382. Peut-être la règle : « *Nemo plus jus in alium transferre potest quam ipse habet* » doit-elle reprendre son empire toutes les fois que, d'une façon ou d'une autre, le vendeur ne se trouve obligé qu'à la restitution du montant de l'aliénation ? (Art. 2125 et 2182.)

considérable des exceptions, pour cause d'erreur, aux règles nécessaires de la création des actes juridiques, facilitera beaucoup, nous l'espérons, l'étude de la nature légale de l'action raisonnée et réfléchie, reconnue comme rapport de droit, qui s'est régulièrement produite sous l'influence d'une erreur.

## DE L'ERREUR

### DANS LES ACTES RÉFLÉCHIS ET RAISONNÉS

#### RECONNUS COMME RAPPORTS DE DROIT

Ici, avant tout, établissons si c'est la volonté génératrice ou l'action engendrée que la loi revêt directement d'un caractère juridique.

A notre avis, en droit romain comme en droit français, c'est l'action, et, en principe, on ne tient nul compte de la volonté.

Dès que l'action reconnue comme rapport de droit s'est régulièrement produite, que nous ayons agi sciemment ou sous l'influence d'une erreur quelconque, peu importe, le lien légal existe. Telle est la règle.

Est-il douteux que par elle-même la volonté ne soit impuissante à produire un rapport de droit? Tant qu'elle ne s'est pas manifestée, tant qu'elle ne s'est pas révélée par une action, son existence dans le for intérieur est sans valeur juridique. Ainsi, lors même que l'on prétendrait que l'action n'est pas l'objet direct de la sanction législative, du moins ne pourrait-on nier qu'elle est le moyen pour la volonté d'obtenir cette sanction. De plus, si l'on admet que le rapport de droit émane directement de la volonté, que l'un est l'effet, l'autre la cause, entre lesquels l'action n'est en quelque sorte qu'un simple intermédiaire, nul acte juridique ne sera possible, à moins toutefois de supposer des effets ne répondant pas exactement à leurs causes. Un rapport de droit en lui-même, qu'est-ce? Rien. Ce qui le constitue, ce sont ses conséquences. Eh bien! est-ce que je veux réellement un acte juridique consenti en prévision de conséquences toutes contraires à celles qu'il aura? Assurément non. J'ai consenti, il est vrai, un certain acte juridique, mais ce n'est pas celui qui s'est produit ou plutôt qui a paru se produire si l'on soutient que le rapport de droit doit être considéré comme émanant directement de la volonté. L'intelligence humaine est naturellement incapable de saisir toutes les conséquences d'un acte juridique. Comme nous ne voulons, comme nous ne pouvons vouloir que ce que notre intelligence conçoit, prétendre que c'est la volonté génératrice et non l'action engendrée que la loi revêt directement d'un caractère juridique, n'est-ce pas rendre logiquement impossible tout rapport de droit?

Si l'on croit au contraire, avec nous, que le rapport de droit naît directement de l'action, non de la volonté dont ne relève qu'indirectement, la théorie de l'influence de l'erreur dans les rapports juridiques se présente aussi simple que rationnelle. En principe, toute action reconnue comme acte juridique engendre un rapport de droit. Mais comme il serait souverainement injuste de ne tenir nul compte de la volonté génératrice d'une action, dont la première condition d'existence, comme rapport de droit, est d'avoir été raisonnée et réfléchie, cette règle recevra des exceptions fondées sur l'erreur dans laquelle nous nous serions trouvés en agissant.

Ce sont ces exceptions que nous devons signaler, sauf ensuite à rechercher quelle loi les régit.

L'erreur est susceptible d'affecter tous les éléments de l'acte juridique comme de ne porter que sur un seul.

Supposant ce dernier cas, nous exposerons successivement les solutions données par le droit romain et le Code Napoléon aux différentes hypothèses capables de se produire.

Les éléments d'un rapport de droit se confondent avec les divers aspects sous lesquels il peut être envisagé. Ce sont :

I. Sa nature ;

II. Son objet ;

    (*a*) Soit en lui-même ;
    (*b*) Soit dans ses qualités substantielles ;
    (*c*) Soit dans ses qualités accessoires.

III. Sa cause ;

    (*a*) Soit en elle-même ;
    (*b*) Soit dans ses qualités ou motifs.

## I.

### De l'erreur sur la nature de l'acte juridique.

La nature d'un acte juridique est déterminée par ses effets. Ainsi le rapport de droit a-t-il pour but de transmettre à Jacques, moyennant un certain prix, la propriété de la chose de Pierre, nous l'appellerons une vente ; donne-t-il seulement à Jacques, pour une somme fixée, la jouissance temporaire du bien de Pierre, on le nommera un louage.

Si Pierre et Jacques consentent entre eux un acte juridique sur la nature duquel leur accord n'est point réel, Pierre, par exemple, croyant prêter l'un de ses chevaux à Jacques qui s'imagine qu'on le lui donne, aucun rapport de droit n'est créé.

A. Le Digeste nous apprend par nombre de textes, et entre autres par les suivants, qu'il n'y a alors qu'une apparence d'acte juridique :

« ... *Sive in ipsa emptione dissentient,... emptio imperfecta est* [1]... »

« *Si ego pecuniam tibi quasi donaturus, tu quasi mutuam accipias, Julianus scribit donationem non esse; sed an mutua sit, videndum. Et puto nec mutuam esse* [2]... »

« *Si ego pecuniam quasi deponens tibi dedero, tu quasi mutuam accipias, nec depositum nec mutuum est. Idem est et si quasi mutuam dederis, ego quasi commodatam ostendi gratia accepi* [3]. »

Aucun lien juridique n'est formé, « *quia non hoc inter eos actum est* [4]. »

B. Cette doctrine des Romains, en matière d'erreur sur la nature des actes juridiques, fut suivie par notre ancienne jurisprudence.

« L'erreur, enseigne Pothier, est le plus grand vice des conventions, car les conventions sont fondées sur le consentement des parties... C'est pourquoi, si quelqu'un entend me vendre une chose et que j'entende la recevoir à titre de prêt, ou par présent, il n'y a dans ce cas ni vente, ni prêt, ni donation. L'erreur annule la convention [5]. »

Les rédacteurs du Code Napoléon ne sont pas sur cette question d'un avis contraire à celui de leur guide accoutumé. C'est ce qui ressort pleinement des termes de l'article 1108. L'accord des volontés y étant exigé comme une

---


1. L. 9, *pr.*, *De contr. empt.* (xviii, 1).

2. L. 18, *pr.*, *De rebus creditis* (xii, 1). — Ulpien juge bon de compléter la réponse de Julien, de peur que son client ne soit tenté de prétendre: mais consentir une donation, c'est, pour le donateur, consentir implicitement un prêt...

3. L. 18, § 1, *De reb. cred.* (xii, 1).

4. L. 3, § 1, *De oblig. et act.* (xliv, 7).

5. Pothier, *Oblig.*, 17.

condition nécessaire de l'existence des rapports de droit qui naissent d'actes réfléchis et raisonnés, puisque cette condition est irréalisable dans notre cas, par la nature même de l'hypothèse, évidemment aucun lien juridique ne peut se former.

## II.

### De l'erreur sur l'objet de l'acte juridique.

L'erreur peut affecter l'objet même du rapport de droit, l'*ipsum corpus*, comme disent les jurisconsultes romains, soit ne porter que sur une ou plusieurs de ses qualités essentielles ou de ses qualités accessoires.

D'où trois situations différentes à étudier sous ce chapitre.

#### (a) *Erreur sur l'objet de l'acte juridique.*

L'objet d'un rapport de droit, c'est *ce quelque chose* que nous désirons atteindre par son moyen.

Tout acte juridique entaché d'erreur sur son objet est radicalement nul.

A. Les textes que voici le démontrent clairement pour le droit romain :

« *In omnibus negotiis contrahendis, sive bona fide sint, sive non sint, si error aliquis intervenit, ut aliud sentiat, puta qui emit, aut qui conducit, aliud qui cum his contrahit, nihil valet quod acti sit. Et idem in societate respondendum* [1]. »

1. L. 57, pr., et § 1, *De oblig. et act.* (XLIV, 7).

« *Et si in re quis erraverit (ut puta, dum vult lancem relinquere, vestem legel), neutrum debebit. Hoc, sive ipse scripsit, sive scribendum dictaverit* [1]. »

« *Si quis in fundi vocabulo erravit, et Cornelianum pro Semproniano nominavit, debebitur Sempronianus; sed si in corpore errabit, non debebitur* [2]. »

Ce principe de nullité ne s'applique pas seulement aux ventes [3], aux stipulations [4], aux donations [5], il régit tous les actes juridiques de l'espèce de ceux qui nous occupent [6].

Néanmoins, en cas de contestation judiciaire, malgré un malentendu des parties sur l'individualité de la chose objet du procès, nous voyons, par exception, des rapports de droit tenus pour valables. « *Si Stichum stipulatus de alio sentiam, tu de alio, nihil actum erit* », nous dit Paul. Après avoir si hautement proclamé la règle, le jurisconsulte ajoute immédiatement : « *Quod et in judiciis Aristo existimavit; sed hic magis est, ut is petitus videatur, de quo actor sensit; nam stipulatio ex utriusque consensu valet; judicium autem etiam in invitum redditur, et ideo actori potius credendum est; alioquin semper negabit reus se consensisse* [7]. » Ce texte, par le soin extrême que met le jurisconsulte à motiver sa solution tout exceptionnelle, fondée sur le respect dû à la chose jugée, loin d'être en opposition avec ceux qui précèdent, ne fait au contraire que les confirmer. L'exception très-probablement ne serait même pas admise, si le deman-

---

1. L. 9, § 1, *De hered. inst.* (XXVIII, 5).
2. L. 4, pr. *De leg. et fid.* (XXX, 1).
3. L. 9, pr., *De contr. empt.* (XVIII, 1).
4. § 23, J., *De inut. stip.* (III, 19); — l. 83, § 4, et l. 137, § 1, *De verb. oblig.* (XLV, 1).
5. L. 10, C. *De donat.* (VIII, 54).
6. L. 34, pr., *De adq. poss.* (XLI, 3); — l. 2, § 6, *Pro empt.* (XLI, 2).
7. L. 83, § 1, *De verb. oblig.* (XLV, 1).

deur, par un exposé inexact, avait lui-même occasionné l'erreur du défendeur[1].

Si l'objet d'un rapport de droit n'est déterminé que par son espèce et sa quantité, et que l'erreur porte sur l'espèce, l'acte juridique sera nul faute d'objet. J'ai voulu du seigle, vous du froment ; *nihil acti est*. Mais si, d'accord sur l'espèce, nous errons seulement sur la quantité, que décider ? Le contrat est-il nul parce que Pierre a entendu emprunter deux mille francs de Jacques, son ami, qui ne consentait à lui en prêter que mille ? Cette question divise les jurisconsultes romains, dont quelques-uns veulent que le contrat soit valable jusqu'à concurrence de la moindre somme. « *Si stipulanti mihi decem*, enseigne Ulpien, *tu viginti respondeas, non esse contractam obligationem, nisi in decem, constat. Ex contrario quoque, si me viginti interrogante, tu decem respondeas, obligatio nisi in decem non erit contracta ; licet enim oportet congruere summam, attamen manifestum est viginti et decem inesse*[2]. » D'autres prétendent que l'acte est nul puisque les parties ne se sont pas exactement entendues sur l'objet de leur convention. « *Inutilis est stipulatio*, lisons-nous dans les Instituts de Justinien, *si quis ad ea quæ interrogatus erit, non respondeat ; veluti si quis decem aureos a te dari stipuletur, tu quinque promittas, vel contra*[3]. » La solution à donner dépend, selon nous, de l'intention des parties. La quantité est-elle le but vers lequel ont tendu leurs volontés, l'acte juridique sera nul pour erreur sur son objet. N'est-elle qu'un élément du mobile des contractants, le rapport de droit peut valoir, car il y a alors erreur sur les qualités de l'objet, tantôt substantielles, tan-

---

1. Savigny, *Syst.*, III, § cxxxvi. — Chez nous, pareille chose est impossible : *res judicata pro veritate habetur* ». Mais, à Rome, n'est-ce pas là aussi une question de droit public, non de droit privé ?

2. L. 1, § 4, *De verb. oblig.* (xlv, 1). — Voy. l. 1, § 3, et l. 83, §§ 2, 3, *eod.*

3. § 5, J., *De inut. stip.* (iii, 19).

tôt accessoires, selon les circonstances, plutôt qu'erreur sur l'objet même. Nous sommes donc en présence d'une question de fait, non d'une discussion de principe. Aussi croyons-nous cette contradiction des jurisconsultes romains beaucoup plus apparente que réelle. La diversité de leurs décisions devait s'expliquer par la diversité des cas sur lesquels ils étaient consultés. Autrement Ulpien n'aurait pu contredire, dans le paragraphe cité, ce qu'il avait avancé au paragraphe précédent : « *Cum adjicit aliquid vel detrahit obligationi, semper probandum est vitiatam esse obligationem*[1]. »

B. Sous l'empire du Code Napoléon, les contrats entachés d'erreur sur leur objet sont aussi absolument nuls[2].

Ce principe, nettement formulé dans l'article 1108, est implicitement reproduit à propos de chaque espèce de convention[3].

Dans les actes juridiques qui, tels que les testaments, sont le produit d'une seule volonté[4], notre règle n'est pas sans présenter de nombreuses difficultés d'application par suite de la peine que l'on éprouve presque toujours à déterminer exactement les intentions de l'agent. Mais ce n'est

---

1. La conciliation de ces deux paragraphes, essayée avec le concours des §§ 2 et 3 de la loi 83 au même titre du Digeste, nous touche peu. — Ce fragment de Paul ne prouve pas qu'Ulpien, dans son § 3, s'occupait de l'erreur sur les modalités, et, dans son § 4, de l'erreur sur la quantité.

2. Voy. Pothier, *Oblig.*, n° 18.

3. Nous pensons que dans l'article 2053, *erreur sur l'objet* signifie *erreur sur les qualités de l'objet*. La comparaison de la rédaction de cet article avec celle des articles 1109 et 1110 ne laisse aucun doute sur l'exactitude de notre interprétation. La loi aura mis erreur sur l'objet pour erreur sur ses qualités, parce que le plus souvent dans les transactions la nature incertaine de leur objet ne permet pas de le distinguer de ses qualités. C'est ce qui sera toujours en cas d'erreur de droit, et, en vertu de l'art. 2052, on ne devra pas en tenir compte.

4. Ce n'est même que dans ces sortes d'actes, peut-on dire, qu'en droit romain et en droit français, l'erreur sur la nature, ou sur la cause, ou sur l'objet des rapports juridiques, a un effet réellement propre. Il en est ainsi, chez les Romains, de l'erreur sur les qualités substantielles de l'objet. — V. M. de Savigny, *Syst.* III, app. VIII, § XXXIV.

pas, pensons-nous, une raison suffisante pour créer une exception à leur profit.

A l'erreur sur l'objet il convient d'assimiler l'erreur sur son espèce [1], et plus encore sur son genre.

L'erreur sur la quantité entraîne aussi la nullité absolue des rapports de droit. Cela résulte clairement de l'article 1601. Seulement la nullité n'est pas encourue quand la quantité, au lieu d'être une partie intégrante de l'objet de l'acte juridique, n'en est qu'une qualité. La question se résout alors d'après les règles suivantes, non d'après le principe précédent [2].

### (b) *Erreur sur les qualités substantielles de l'objet de l'acte juridique.*

On entend par qualités substantielles de l'objet d'un acte juridique les qualités qui, lui étant propres aux yeux des agents du rapport de droit, constituent pour eux son identité, de sorte que si on lui ôte l'une ou l'autre de ces qualités, il cesse d'être l'objet qu'ils avaient en vue.

Les qualités substantielles d'un objet peuvent souvent varier jusqu'à l'infini. Aussi est-il bien difficile quelquefois de les préciser sûrement. Les qualités substantielles d'une monnaie d'or ayant cours sont de peser tel poids et d'être d'un certain titre. Qu'il s'agisse d'une monnaie ancienne plus ou moins rare, les qualités substantielles vont différer, le fondeur n'y verra que le métal, le numismate ne voudra peut-être en considérer que l'effigie. Quelle peine pour déterminer la qualité substantielle d'un objet d'art en métal précieux quand il devient nécessaire de choisir entre le travail et la matière! C'est là au surplus une affaire de pure

1. C. N., art. 1128.
2. C. N., art. 1636; art. 1617.

appréciation. Les législateurs ne pouvaient régler d'après des principes certains une question pareille. Ils se sont contentés, laissant au juge le soin de vider en souverain le point de fait, de prévoir les conséquences de sa décision. L'étude attentive de l'opinion, des habitudes ordinaires de la vie, des circonstances particulières où le rapport de droit s'est produit, fournit à l'observateur judicieux un moyen, dont la sûreté est avouée, pour reconnaître les qualités substantielles de l'objet d'un acte juridique.

A. En droit romain, l'erreur sur les qualités substantielles entraîne la nullité absolue des rapports juridiques.

Les *Pandectes* nous offrent plusieurs exemples de nullités de cette espèce. On sent, à la lecture de ces textes, que les jurisconsultes sont pénétrés, en les écrivant, de l'impossibilité de généraliser en semblable matière. Ils ne donnent leurs décisions qu'avec grande réserve et en les accompagnant des motifs qui les ont inspirées.

« *Si æs pro auro veneat, venditio non valet* [1]. »

« *Quæritur, si in ipso corpore non erratur, sed in substantia error sit, ut puta si acetum pro vino veneat, æs pro auro, vel plumbum pro argento, vel quid aliud argento simile, an emptio et venditio sit?...... Puto,* répond Ulpien, *nullam esse venditionem quotiens in materia erratur* [2]. »

« *Si ego mulierem venderem, tu puerum emere existimasti, quia in sexu error est, nulla emptio, nulla venditio est* [3]. »

Le principe romain de la nullité radicale des rapports de droit pour erreur sur les qualités substantielles de leur objet admet une exception importante à signaler [4].

1. L. 14, *in fine, De contr. empt.* (xviii, 1).
2. L. 9, § 2, *De contr. empt.* (xviii, 1). — Voy. l. 10; — l. 14; — l. 1, § 1, *eod.:* — l. 9, §§ 1 et 2, *De tritico* (xxxiii, 6).
3. L. 11, § 1, *De contr. empt.* (xviii, 1).
4. Des auteurs paraissent surpris de ce que les divers textes, où l'erreur

L'erreur sur les qualités substantielles n'entraîne pas la nullité des stipulations. « *Si id quod aurum putabam cum æs esset, stipulatus de te fuero, teneberis mihi hujus æris nomine, quoniam in corpore consenserimus, sed ex doli mali clausula tecum agam, si s. iens me fefelleris* [1]. »

Cujas explique ainsi cette dérogation au droit commun [2] : « *Ratio hæc, quia si per errorem... in stipulationem deducto ære pro auro, et stipulationem nullam esse dixeris, nihil superfuerit in obligatione. At stipulatori interest, ut æs saltem sit in obligatione.* » Peut-être provient-elle du formalisme rigoureux des contrats de droit strict où le lien juridique naissait du simple accord de l'*interrogatio* et de la *responsio*.

On prétend qu'il en est de même en matière de donation et de gage. Pour nous, nous ne saurions e    rasser cette opinion, dont la justesse est loin d'être ga    ie par les textes dont on l'appuie.

L. 35, *C.*, *De don.* (viii, 54) : « Si le donataire reçoit un vase d'airain qu'il croit d'or, la donation est valable. » La raison de cette décision, d'après nos adversaires, c'est que le donataire n'a aucun intérêt à attaquer le contrat, de l'airain valant mieux que rien.

L. 1, § 2, *De pign. act.* (xiii, 7) : « Un créancier accepte en gage un vase d'airain qui lui est garanti en or; le droit

sur les qualités substantielles est considérée comme essentielle et dès lors entraînant la nullité du contrat, se rapportent au cas où l'acheteur s'est trompé à son préjudice. Rien d'étonnant en cela, si l'on veut bien remarquer que le plus souvent, toujours même dans les conventions synallagmatiques, ce qui est *objet* pour l'une des parties, joue le rôle de *cause* vis-à-vis de l'autre. Or l'erreur sur le motif, médiat ou immédiat, est sans influence sur la validité des actes juridiques; par conséquent le vendeur, dans nos hypothèses, ne se connaîtra presque jamais aucun droit pour requérir la nullité. Mais que l'acheteur vienne à l'invoquer, et il pourra en arguer à son tour. — Voy. l. 18, pr.; — l. 19, § 2; — l. 52, *De æd. act.* (xxi, 1); — l. 13, § 3, *De act. empt.* (xix, 1). — M. de Savigny, *Syst.*, III, § cxxxviii.

1. L. 22, *De verb. oblig.* (xlv, 1).
2. Cuj. opp., *ad titulum De V. O.*, *ad legem*, 22.

de gage subsiste-t-il ? *Quia in corpore consensum est pignori esse videatur.* » Et cela, prétend-on, parce que les jurisconsultes reconnaissaient encore ici que quelque chose est préférable à rien; sauf, bien entendu, au créancier trompé à agir par les moyens légaux pour obtenir un gage suffisant.

A notre avis, ces décisions sont fort naturelles. Pour le donataire, la valeur de la donation est presque toujours une qualité simplement accessoire de l'objet du rapport juridique; et dans le gage, à l'égard du créancier, la valeur de la chose engagée ne sera que rarement une qualité substantielle.

En cette matière, qui laisse tant de place à l'appréciation individuelle des jurisconsultes, il ne faut pas, au point de vue des principes, attacher une trop grande importance aux décisions qui ne révèlent pas exactement les circonstances de fait qui les ont motivées. Aussi nous refusons-nous à croire que la règle de la nullité absolue des actes juridiques pour erreur sur les qualités substantielles de leur objet soit contredite par la loi 45, de Marcien, au Digeste, *De contr. empt.* (XVIII, 1), et la loi 9, § 2, au même titre des Pandectes, où Ulpien cite, pour la combattre, une opinion analogue de Marcellus. Ces réponses de Marcien et de Marcellus se basaient sans doute sur des considérations de fait toutes particulières aux espèces qui leur étaient soumises [1], et les jurisconsultes n'avaient nullement l'intention d'y faire directement échec au principe de nullité si hautement proclamé.

---

[1]. Quelques auteurs veulent découvrir dans ces deux textes les traces d'une ancienne controverse. — D'après eux, Marcellus et Labéon, dont Marcien rappelle la manière de voir, auraient tenu pour valables les actes juridiques, malgré une erreur sur les qualités substantielles de leur objet. L'abandon définitif de cette opinion serait dû aux jurisconsultes Pomponius, Julien et Ulpien. — Voy. M. de Savigny, *Syst.*, § CXXXVIII.

B. Nôtre ancienne jurisprudence suivit les errements romains en matière d'erreur sur les qualités substantielles de l'objet des rapports de droit.

« L'erreur, nous dit Pothier, annule la convention non-seulement lorsqu'elle tombe sur la chose même, mais lorsqu'elle tombe sur la qualité de la chose que les contractants ont eu principalement en vue et qui en fait la substance. — Si, voulant acheter une paire de chandeliers d'argent, j'achète de vous une paire de chandeliers que vous me présentez à vendre, que je prends pour des chandeliers d'argent, quoiqu'ils soient de cuivre argenté; quand même vous n'auriez eu aucun dessein de me tromper, étant dans la même erreur que moi, la convention sera nulle, parce que l'erreur dans laquelle j'ai été détruit mon consentement... On ne peut pas dire que ce soit la chose que j'ai voulu acheter. En un mot, le consentement n'est parfait que si les parties se sont accordées sur l'objet du consentement; *si ad eamdem rem consenserint* [1]. »

L'article 1110 du Code Napoléon n'est qu'une sorte de résumé de ce passage de Pothier : « L'erreur n'est une cause de nullité de la convention que lorsqu'elle tombe sur la substance même de la chose qui en est l'objet. » A ne prendre que ce texte, surtout si on le rapproche des dispositions des articles 1108 et 1109, il paraît évident que le Code Napoléon, à l'exemple du droit romain et de notre ancienne jurisprudence, érige en principe la nullité absolue des actes juridiques accomplis sous l'influence d'une erreur sur les qualités substantielles de leur objet. Il n'en est rien pourtant, les erreurs de cette nature y donnent seulement lieu à une simple action en nullité au profit de la personne qui s'est trompée [2].

1. Pothier, *Oblig.*, 18.
2. C. N., art. 1117.

,Pour exercer nos droits de rescision la loi nous donne dix ans, à compter du jour de la découverte de l'erreur[1]. Mais ces dix ans ne sont pas le temps d'une prescription, c'est un simple délai dont le cours ne peut être interrompu par quelque cause que ce soit, ni même suspendu en dehors des circonstances déterminées expressément par le second alinéa de l'article 1304[2].

On peut dire que les rapports de droit entachés d'erreur sur les qualités substantielles de leur objet sont valables sous condition résolutoire. Que la condition de cette validité, le non-exercice en temps opportun de l'action en rescision, vienne à se réaliser, l'acte juridique sera réputé parfait dès son origine; qu'elle ne se réalise pas, et il sera tenu pour radicalement nul, *ab initio*.

Quant au point de savoir quelles sont les qualités substantielles de l'objet quelconque d'un rapport de droit, c'est chez nous comme à Rome une question de pur fait que les juges sont appelés à trancher sans contrôle[3].

S'il est une situation délicate entre toutes, où le droit souverain d'appréciation des magistrats soit appelé à s'exercer, c'est assurément celle prévue par l'article 180.

« Lorsque, dit cet article, il y a eu erreur *dans la per-*

1. Nous sommes porté à penser que l'on peut être, avant l'expiration de ce temps, mis en demeure de renoncer à l'action en nullité, ou de l'exercer immédiatement.

2. Si le Code avait voulu soumettre notre article à la réglementation générale des longues prescriptions, le temps de l'action révocatoire se trouvant par cela seul soumis aux suspensions prévues par les articles 2251 et suivants, il eût été fort inutile de s'inquiéter ici des cas où l'action en nullité serait ouverte au profit de mineurs, d'interdits ou de femmes mariées.

Les articles 2242 à 2251, relatifs à l'interruption de la prescription acquisitive ou libératoire, ne sauraient, par argument d'analogie, être étendus à une matière complètement différente, celle des actions en nullité.

3. Un bon magistrat veillera toujours à conformer ses décisions à l'esprit de la loi. Dans les transactions, par exemple, plus que partout ailleurs, il devra avoir égard à l'erreur sur la personne (art. 2053).

*sonne,* le mariage ne peut être attaqué que par celui des
époux qui a été induit en erreur. »

Est-ce à l'individu même, c'est-à-dire à la personne
physique, est-ce à la personne civile, c'est-à-dire à l'individu considéré dans ses qualités, ou bien à l'un et à l'autre
que s'applique ce mot *personne?* Voilà un sujet de graves
controverses. Pour nous, nous ne croyons pas qu'il doive
s'entendre de la personne physique, mais seulement de la
personne civile [1].

Cette solution offre ce premier et inestimable avantage
d'être en parfaite harmonie avec les règles fondamentales de
notre droit, qui ne reconnaît de valeur réelle aux actes juridiques, résultant d'actes réfléchis et raisonnés, qu'autant
qu'ils ont été véritablement consentis quant à leur objet
même. Or, dans le mariage, la personne physique de chacun des conjoints est pour l'autre l'objet même du contrat.
Les qualités morales, civiles ou naturelles de la personne ne
sont que des attributs de cet objet. Donc, s'il y a eu erreur
dans la personne physique [2], le mariage est nul faute d'objet,
et par conséquent de consentement, hypothèse prévue par
l'article 146 : « Il n'y a pas de mariage lorsqu'il n'y a point
de consentement. »

Est-ce que la rédaction même de l'article 180, qui parle
seulement d'erreur *dans* la personne, n'est pas exactement
conforme à notre sentiment [3]?

Portalis, il est vrai, explique comme il suit l'article 180 :
« Mon intention déclarée était d'épouser une telle personne ;
on me trompe, ou je suis trompé par un concours singulier

---

1. Marcadé, sur l'article 180; Demolombe, III, n° 246; Glasson, *Du consentement des époux au mariage,* p. 103.

2. Erreur à peu près impossible en pratique, car il faut nécessairement
qu'il y ait substitution à une personne que nous connaissions physiquement.

3 . V. M. Vallette sur Proudhon, *État des person.,* p. 594, note *a*.

de circonstances, et j'en épouse une autre qui lui est sub-
stituée à mon insu et contre mon gré : le mariage est nul [1]. »
Mais ces paroles de Portalis ne rendent pas exactement la
pensée des rédacteurs. Pour s'en convaincre, il suffit de
lire le résumé que fit le premier consul des débats soulevés
à l'occasion de l'erreur dans le mariage. Il dit, et aucune
réclamation ne s'éleva : « On a distingué entre l'erreur sur
l'individu physique et l'erreur sur les qualités civiles, et il
a été reconnu qu'il n'y a pas de mariage lorsqu'un autre
individu est substitué à un individu que l'on a consenti d'é-
pouser; qu'au contraire il y a mariage, mais mariage susceptible d'être cassé, lorsque l'individu, étant d'ailleurs
physiquement celui sur lequel le consentement a porté,
n'appartient cependant pas à la famille dont il a pris le
nom [2]. »

Faut-il encore corroborer ce système; nous dirons que
telle était la doctrine de l'ancien droit, qui avait, en ce point,
suivi le droit canonique : « *Error circa personam, quicumque sit, jure naturali, irritat matrimonium. Nam matrimonium non potest esse sine consensu : atqui error personæ
tollit consensum… Dicitur error : quicumque sit, quia sive sit
vincibilis, sive invincibilis, perinde est quoad effectum præ-
sentem* [3]. » Assurément il s'agit ici d'acte inexistant en droit,
car pour lui seul le droit canonique distinguait entre l'erreur vincible et l'erreur invincible. Pothier, dans son *Traité
du contrat de mariage*, a écrit dans le même sens : « Il est
évident que l'erreur de l'une des parties, qui tombe sur la
personne même qu'elle se propose d'épouser, détruit son

1. Fenet, IX, p. 107.
2. Fenet, IX, p. 100.
3. Carrière, *Prælect. theol. compend.*, pars III, cap. iv, § 2. — S. Liguori,
lib. IV, tract. VI, *de matrim.*, n° 1010. — Gury, *Compend. de matrim.*, Theol.,
moralis, cap. vi, art. 2, § 2.

consentement,... car le concours de volonté des deux parties pour une chose, *duarum in idem placitum consensus,* ne se trouve pas dans cette espèce[1]. »

Enfin l'article 181, qui ne permet pas, après une cohabitation continuée pendant six mois *depuis que l'erreur a été reconnue,* d'exercer l'action en nullité ouverte par l'article 180, n'est guère concevable en fait d'erreur sur la personne physique, car il serait surprenant qu'il fallût un examen attentif pour s'apercevoir d'une pareille méprise.

Remarquons que dans ce système, en vertu de l'article 146, le mariage est radicalement nul pour erreur sur la personne physique; qu'il serait au contraire susceptible d'être ratifié si cette erreur était régie par les articles 180 et 181.

Quoi qu'il en soit de cette question si ardue, toujours est-il que les diverses opinions s'accordent pour admettre que l'article 180 comprend l'erreur sur la personne civile. L'entente cesse quand on arrive à préciser les qualités sur lesquelles l'erreur doit porter pour amener l'annulation du mariage.

À notre avis, le Code s'est gardé de spécifier quelles étaient les qualités constitutives de l'individualité civile, afin de laisser aux tribunaux le soin de les déterminer d'après les circonstances propres à chaque cause.

Certains auteurs, plus hardis que la loi, en ont essayé une énumération que nous ne saurions admettre. Pour nous, quelque fâcheux qu'il soit, malgré les difficultés extrêmes de toute autre voie, d'abandonner aux juges le soin de vider seuls des questions de pareille importance, nous ne nous

---

1. *Contrat de mariage,* nᵒˢ 308, 309. — Pothier cependant reconnaît que le consentement survenant postérieurement pourra réhabiliter ce mariage nul; mais il en donne une raison que personne aujourd'hui n'admettrait : « La bénédiction nuptiale qui a précédé mon consentement suffit pour la publicité de mon mariage, *quoi qu'il n'ait été contracté que depuis* (nᵒ 308). »

croyons pas le droit de réformer le Code et d'abaisser l'autorité législative devant des prétentions particulières, si sages qu'elles paraissent. Aux magistrats d'apprécier souverainement si les qualités, objet de l'erreur invoquée pour l'annulation d'un mariage, sont ou non substantielles, c'est-à-dire telles que leur absence ou leur présence chez l'un des époux en font aux yeux de l'autre, quant à leur union conjugale, deux personnes civiles distinctes.

Le droit d'intenter l'action en nullité, prévu par l'article 180, y est limité expressément « à celui des époux[1] induit en erreur », aux héritiers duquel il ne passe même pas. Mais ceux-ci ne pourraient-ils au moins continuer une poursuite commencée par leur auteur et encore pendante à son décès? M. Demolombe professe l'affirmative par cette raison fort juridique que toute exception doit être rigoureusement circonscrite dans ses termes. Or ces mots de notre article : « Le mariage ne peut être attaqué » ne semblent se référer qu'à l'introduction de l'action ; donc, quant au droit de la poursuivre, on tombe sous l'application de la règle générale du Code Napoléon en matière de transmission héréditaire : « Article 724. Les héritiers légitimes sont saisis de plein droit des biens, droits et actions du défunt... »

La durée ordinaire de l'action en nullité est de dix ans. Celle de l'article 180 n'est plus recevable « toutes les fois qu'il y a eu cohabitation continuée pendant six mois depuis que l'époux trompé a reconnu son erreur[2]. » Cette dis-

---

1. L'époux non trompé ne paraît avoir aucun moyen propre de sortir d'une situation qui peut le laisser bien longtemps à la merci complète du bon ou du mauvais vouloir de son conjoint. Ne serait-il pas équitable, surtout lorsqu'il n'a commis aucun dol, de lui permettre d'obliger l'autre époux à renoncer à son action en nullité ou à l'exercer dans un délai déterminé?

2. C. N., art. 181.

position limitative de l'article 181, contraire au principe cité, ne doit pas être étendue ; en dehors du cas spécifié, il faut revenir au droit commun de l'article 1304. Des auteurs[1] prétendent cependant que cet article n'a trait qu'aux actions relatives au patrimoine, et que pour toutes les autres questions on tombe sous le coup de l'article 2262. Nous ne pouvons admettre cette manière de voir à cause de la généralité du premier alinéa de l'article 1304 : « Dans tous les cas où l'action en nullité ou en rescision d'une convention n'est pas limitée à un moindre temps par une loi particulière, cette action dure dix ans. » Est-ce que le mariage n'est pas le résultat d'une convention ? De plus, avec l'article 2262, dans une application rigoureuse, on serait fondé à prétendre que la prescription seule est capable de constituer un juste et légitime mariage. Je doute qu'il y ait quelqu'un à admettre cette déduction.

A l'explication de l'article 180 se rattache naturellement ce qu'on est convenu d'appeler la théorie du mariage putatif, formulée dans les articles 201 et 202.

On nomme mariage putatif un mariage entaché de nullité, mais que les époux, ou l'un d'eux, ont cru parfaitement valable en le contractant[2].

Par exception au principe qui identifie le contrat radicalement nul et le contrat simplement annulable dont la rescision a été obtenue, le Code, prenant ici en considération l'erreur des parties, décide, article 201 : « Le mariage qui a été déclaré nul produit néanmoins les effets civils, tant à l'égard des époux qu'à l'égard des enfants, lorsqu'il a été contracté de bonne foi. » Puis, article 202 : « Si la

1. Marcadé, sur l'article 180, n° 3 ; Aubry et Rau, § 462, texte et note 10. — Voy. Demolombe, III, 268.
2. Aubry et Rau, § 460.

bonne foi n'existe que de la part de l'un des deux époux, le mariage ne produit les effets civils qu'en faveur de cet époux et des enfants issus du mariage. »

C'est là quelque chose de complétement inconnu des Romains. Rien au moins ne nous révèle que, par égard pour la bonne foi des contractants, ils eussent pour règle d'accorder une efficacité quelconque aux unions non reconnues par les lois.

Hormis le cas de l'*erroris causæ probatio*, — et encore à la rigueur est-il étranger à la question, — si des unions illicites produisent quelque effet à Rome, ce n'est que grâce à des faveurs individuelles ou locales. « *Movemur*, dit un rescrit des divins Marc-Aurèle et Lucius Vérus, *et temporis diuturnitate, quo ignara juris in matrimonio avunculi tui fuisti, et quod ab avia tua collecta es, et numero liberorum vestrorum : idcirco cum hæc omnia in unum concurrunt, confirmamus statum liberorum vestrorum in eo matrimonio quæsitorum, quod ante annos quadraginta contractum est, perinde atque si legitime concepti fuissent* [1]. » Justinien, pour déclarer excusables les unions illicites contractées par les habitants de la Mésopotamie, se fonde sur ce que ce sont des paysans, *agrestes : « Maxime quia agrestis ut plurimum multitudo hæc fertur delinquere* [2]. » Si l'empereur, dans sa novelle 139, accorde le même bénéfice à des personnes qui ne peuvent alléguer leur *rusticitas*, c'est par suite de circonstances toutes spéciales, qui ne sauraient se renouveler, puisque Justinien déclare expressément qu'à l'avenir les unions qu'il excuse seront sévèrement punies : « *Facultates amittet, atque insuper, corporalibus pœnis exceptis, perpetuum incolet exilium* [3]. »

1. L. 57, § 1. *De ritu nupt.* (XXII, 2).
2. Nov. 154.
3. Nov. 139. — Voy. Nov. 154.

Selon toutes probabilités, l'*indulgentia principis* se restreignait aux effets mentionnés dans le rescrit de faveur. Au moins aucun texte n'assimile d'une manière générale, pour le temps antérieur à la mauvaise foi, au mariage licite l'union illicite contractée de bonne foi.

Pas plus que la législation romaine, notre très-ancien droit ne fit du mariage putatif une institution régulière. Suivant le témoignage de Beaumanoir, on s'en remettait à l'arbitraire du magistrat : « Bien pot li apostoles confermer le mariage, s'il li plest, et por pitié des enfans, et s'il ne li plest, il convient que li mariages soit desscures et li enfans tenu pour non loiel, quant à ce qu'ils ne sont pas à heriter comme droit hoir : dont c'est pités, parce que l'assanblée du mariage ne fust pas fete malicieusement; mes il est ainssint[1]. »

D'après le droit canonique, le mariage contracté dans l'ignorance d'un vice qui doit le faire annuler produit, jusqu'au jour où la nullité en est déclarée, tous les effets d'un mariage légitime, lorsqu'il n'a pas eu lieu clandestinement et que l'erreur alléguée est excusable[2].

Notre ancienne jurisprudence, abandonnant la coutume indécise du xiiie siècle, adopta les règles du droit canon. « *Matrimonium putativum est*, dit Hertius, *quod bonâ fide, et solemniter, saltem opinione conjugis unius justa, inter personas jungi velitas consistit*[3]. »

Appréciée si différemment par les législateurs, la matière du mariage putatif est, sous l'empire du Code Napoléon, une cause de division entre les auteurs, dont les uns veulent

---

1. *Coutumes de Beauvoisis*, chap. xviii, édition Beugnot, p. 281.

2. Concile de Latran : Décret grég., cap. i, *De clandestina desponsatione*, iv, 3; Concile de Trente, sess. XXIV, chap. v. — Voy. constitution du pape Léon Ier, et Covarruvias, I, p. 204.

3. Coquille, *Coutumes du Niv.*, chap. xviii, art. 1er; — Merlin, v° *Légitimité*, I, § 4, n° 7.

étendre l'application des articles 201 et 202 aux mariages nuls[1], les autres la restreindre aux mariages simplement annulables[2].

Puisque ces articles sont exceptionnels, n'est-il pas d'une saine interprétation de limiter strictement leurs conséquences, et, en cas de doute sur leur portée, de revenir au droit commun? Mais, lorsque le texte de nos articles, qui disent : « Mariage *déclaré nul* » et non pas mariage *nul*, comme l'exigerait la première opinion, la place qu'ils occupent sous la rubrique *des demandes en nullité de mariage*, la corrélation de leurs dispositions avec celles du même chapitre, où la loi a soin d'omettre les cas de nullité absolue, tel que celui de l'article 146, tout en un mot tend à démontrer que les rédacteurs du Code Napoléon n'y avaient en vue que les mariages simplement annulables, nous ne croyons pas que l'on puisse se refuser à adopter la seconde opinion.

Pour gagner complétement nos adversaires, nous ajouterons que des conditions exigées pour la validité du mariage, deux seules sont essentielles : le consentement des parties et la célébration par un officier public compétent[3]. L'absence de toute autre condition de celle de l'article 165, par exemple, qui veut que le mariage soit célébré, non par un officier public compétent quelconque, mais par celui du domicile de l'une des parties, le rend simplement annulable[4].

Quelques auteurs admettent difficilement que la clandes-

1. Marcadé, II, sur l'article 202, n° 2.

2. Aubry et Rau, § 460, note 1re; — Demolombe, III, n° 355; — Zachariæ, § 465.

3. Avant l'abolition de la mort civile, le mariage contracté par un mort civilement était radicalement nul. — Merlin, *Quest.*, v° *Légitimité*, § 5; Aubry et Rau, § 460, note 3.

4. Art. 191 : « Le mariage qui n'a point été célébré devant l'officier public compétent *pourra* être attaqué... »

Ces mots: « officier public compétent » justifient notre exigence au sujet de la célébration du mariage par une personne revêtue du caractère d'officier de l'état civil.

tinité ne soit pas une cause de nullité absolue du mariage. Ce sentiment, conforme aux précédents historiques, ne nous paraît pas dans l'esprit du Code Napoléon, qui range le défaut de publicité parmi les demandes en nullité de mariage [1].

Quant à la bonne foi dont parlent les articles 201 et 202, c'est tout simplement la croyance où étaient les époux, ou l'un d'eux, qu'ils contractaient un mariage valable.

Pour que « le mariage déclaré nul produise néanmoins les effets civils », il suffit que cette croyance des parties à a validité de leur union ait existé au moment de la célébration (G. N., art. 201).

La jurisprudence s'accorde avec la doctrine pour admettre que la bonne foi des conjoints est présumée. Ne serait-il pas plus naturel de mettre à leur charge le fardeau de la preuve, puisqu'ils prétendent au bénéfice de dispositions exceptionnelles?

Nous venons de mentionner quels étaient à Rome et quels sont chez nous les effets de l'erreur quand elle affecte ou la nature de l'acte juridique ou son objet, soit en lui-même, soit dans ses qualités substantielles. Si on veut se les rappeler, on reconnaîtra aisément que le droit civil romain érigeait en principe la nullité absolue des rapports de droit entachés de semblables erreurs, qu'elles fussent excusables ou non, le résultat de l'ignorance d'un fait ou de l'ignorance d'une loi; — et que le Code Napoléon [2] a suivi

---

1. C. N., art. 191.

2. On prétend que le législateur français s'est départi de cette règle à propos des transactions. Telle n'est pas notre opinion

Si les transactions sont inattaquables pour cause d'erreur de droit (C. N., art. 2052), ce n'est point parce que le Code distingue alors entre l'erreur de fait et l'erreur de droit, mais parce que cette erreur est presque toujours la raison d'être des transactions, leur objet. « *Pertinet transactio ad res dubias...* — *Est conventio de rebus juribusque dubiis componendis inita.* — Mulhenbruch, § 477, note 7. » La loi française, craignant sans doute que l'on ne cher-

exactement la théorie romaine, sauf pour les erreurs sur les qualités substantielles, qui y donnent seulement lieu à une action en nullité.

### (c) *Erreur sur les qualités accessoires de l'objet d'un acte juridique.*

Dans les qualités accessoires de l'objet, il faut comprendre toutes celles qui ne sont pas constitutives de son identité aux yeux des agents de l'acte juridique.

A Rome, en principe, l'erreur sur les qualités accessoires de l'objet est sans importance aucune.

Cette règle résulte avec une évidence complète de l'opposition que présente, avec la presque unanimité des dispositions du Digeste relatives à notre sujet, les quelques cas tout à fait spéciaux où une pareille erreur peut entraîner la rescision des rapports de droit.

Autrement, pourquoi les actions édilitiennes? « Celui, écrit M. de Savigny, qui achète une chose ayant certains

chât à étendre aux transactions le principe, qui les eût rendues le plus souvent impossibles, de la similitude des erreurs, a cru utile de s'exprimer aussi nettement.

Cette règle essentielle de la dissimilitude des erreurs de fait et de droit en matière de transactions, formulée dans l'article 2052, admet cependant une exception, celle de l'article 2054 : « Il y a également lieu à l'action en rescision contre une transaction, lorsqu'elle a été faite en exécution d'un titre nul, à moins que les parties n'aient expressément traité sur la nullité. » Cet article, applicable en cas de titre simplement annulable comme de titre nul, ne déroge pas seulement à l'article 2052, mais en n'accordant qu'une action en rescision, il fait aussi échec à l'article 1131 : « L'obligation sans cause, ou sur une fausse cause... ne peut avoir aucun effet. » Le Code, dans l'article 2056, s'est du reste hâté de porter atteinte à l'exception de l'article 2054. En effet, niera-t-on que la transaction sur un procès terminé par un jugement passé en force de chose jugée, dont les parties avaient connaissance, ne soit ni nulle ni rescindable, bien que l'une ou l'autre des parties ait cru, par erreur de droit, que ce jugement était encore susceptible d'un appel quelconque? — Quant aux articles 2055 et 2057, deuxième alinéa, ils ne prévoient que des cas d'erreur de fait, qui, conformément à l'article 1131, entraînent la nullité radicale des transactions.

vices cachés spécialement déterminés, peut, à son choix, demander la résiliation de la vente ou une diminution de prix, et cela uniquement à raison de son erreur, soit que le vendeur ait connu ou ignoré le vice de la chose[1]. » Encore est-il besoin pour que sa réclamation soit écoutée que son ignorance ne soit pas le résultat d'une trop grande négligence de sa part. « *Si... talis tamen morbus sit qui omnibus potuit apparere... ejus non teneri Cæcilius ait... ad eos enim morbos vitiaque pertinere edictum ædilium probandum est, quæ quis ignoravit vel ignorare potuit*[2]. » De plus, cette action se prescrivait tantôt par un an, tantôt par un délai plus court[3], à partir du jour du contrat. On excepte pourtant le cas où, à cause de la nature du vice, ce temps aurait été insuffisant pour le découvrir : « *Cum sex menses utiles quibus experiundi potestas fuit, redhibitoriæ actioni præstantur, non videbitur potestatem experiundi habuisse qui vitium fugitivi latens ignoravit, non idcirco tamen dissolutam ignorationem emptoris excusari oportebit*[4]. » Dès que l'acheteur démontrait l'existence d'un des vices cachés, prévus dans l'édit du préteur, la rescision était encourue, à moins pourtant que le vendeur ne parvînt à prouver que l'acquéreur connaissait, en traitant, l'état véritable de la chose aliénée.

Le créancier qui, par la fraude de son débiteur, consent une acceptilation, a contre son débiteur l'*actio doli*[5]; d'où l'on voit que, malgré l'erreur, l'acceptilation est valable, car autrement l'*actio doli* serait superflue et dès lors inadmissible[6].

---

1. M. Savigny, *Syst.*, III, app. VII, § VI.
2. L. 14, § 10, *De ædil. edict.* (XXI, 1).
3. L. 19, § 6, *De ædil. edict.* (XXI, 1).
4. L. 55, *De ædil. edict.* (XXI, 1). — Voy. l. 2, C., *De ædil. edict.* (IV, 58).
5. L. 38, *De dolo* (IV, 3).
6. L. 1, § 1-8, ll. 2-7. *De dolo* (IV, 3). — Voy. M. de Savigny, *Syst.*, III, app. VII, § X.

Dans l'ancien droit, celui qui négligeait d'opposer une exception péremptoire pouvait se faire restituer[1]. S'il s'agissait d'une exception dilatoire, la question était controversée : « *Dilatoria vero si non fuerit usus, an in integrum restituatur, quaeritur*[2]. »

En fait d'addition d'hérédité, une erreur importante assurément est celle relative à la valeur de la succession ; il a été cependant nécessaire que l'empereur Adrien vînt, par des motifs de haute équité, restituer l'héritier contre les conséquences d'une acceptation onéreuse : « *Sciendum tamen est dictum Hadrianum etiam majori... veniam dedisse, cum aditam hereditatem grande æs alienum, quod adita heredilatis tempore latebat, emersisset*[3]. » Gordien fit de cette décision une règle générale en faveur des soldats. Le bénéfice d'inventaire, organisé par Justinien, rendait cette protection à peu près inutile ; elle disparut, sauf à l'égard des militaires négligents : « *Si constitutionis tenorem non observaverint*[4]. »

Une autre exception permet aux créanciers d'une succession, qui ont imprudemment demandé la séparation des patrimoines, d'obtenir leur restitution : « *Scilicet justissima erroris causa allegata*[5]. »

« *Si servus inveniatur*, lisons-nous au Digeste[6], *qui antequam judicium accipiatur, fidejussit judicatum solvi, succurrendum est actori, ut ex integro caveatur. Minori quoque viginti quinque annis succurrendum est ; fortasse et mulieri, propter imperitiam*[7]. »

----

1. N'est-ce pas là plutôt une erreur sur une qualité substantielle que sur une qualité accessoire?

2. Gaii Com., IV, § 125.

3. Gaii Com., II, § 163 ; — §§ 5 et 6, J., *De hered. qual.* (II, 19).

4. L. 22, C., *De jur. delib.* (VI, 30).

5. L. 1, § 17, *De separat.* (XLII, 6).

6. L. 8, § 2, *Qui satis dare* (II, 8).

7. M. de Savigny, *Syst.*, III, app. VII, § XIV, note d, prétend que « la première partie du texte suppose une erreur de fait et admet la restitution d'une

Afin d'empêcher sans doute que des personnes mal intentionnées ne cherchassent à profiter de l'ignorance de leur
adversaire pour obtenir plus qu'ils ne sont en droit de lui
réclamer, les Romains avaient cru sage d'édicter la peine de
la *plus petitio* : « *Si quis agens in intentione sua plus complexus fuerit quam ad eum pertineret, causa cadebat, id
est, rem amittebat*[1]. » Néanmoins le demandeur qui avait
agi sous l'influence d'une erreur excusable pouvait, par le
moyen de la restitution, échapper aux conséquences désastreuses de la *plus petitio*. « *Sane*, disent les Institutes, *si tam
magna causa justi erroris interveniebat, ut etiam constantissimus quisque labi posset, etiam majori... succurrebatur*[2]. »

Ces exceptions se produisaient-elles quelle que fût la
nature de l'erreur commise? Assurément oui, puisque rien,
dans les textes qui y ont trait, n'indique que les jurisconsultes, distinguant à leur égard entre les erreurs de fait et
les erreurs de droit, eussent posé en règle que ces dernières
ne seraient jamais excusables. Seulement, dans la pratique,
ce qui est fort naturel, les erreurs de droit étaient bien
plus difficilement excusées que les erreurs de fait. La raison
de cette différence, le jurisconsulte Nératius nous l'indique :
« *Cum jus finitum et possit esse, et debeat, facti interpretatio plerumque etiam prudentissimos fallat*[2]. »

manière générale, alors que la seconde, qui accorde spécialement la restitution aux mineurs et aux femmes, doit s'entendre du cas où il y a erreur de
droit, c'est-à-dire que la partie savait traiter avec un esclave, mais le croyait
capable. » La réflexion est juste. Nous ajouterons seulement que si la première
partie du texte suppose une erreur de fait c'est parce qu'il est impossible, vu
l'état infime des esclaves à Rome, qu'un homme sensé ait pu penser qu'un
esclave fût capable d'appauvrir ainsi son maître. Quant à la seconde partie, elle
est dictée beaucoup moins par la considération de l'erreur que par ces tendances du droit romain à relever les mineurs et, dans l'origine, les femmes des
actes qui leur seraient préjudiciables.

1. § 33, J., *De act.* (iv, 6); Gaii Com., VI, § 53.
2. L. 2, *De jur. et fact. ign.* (xxii, 6). — Voy. l. 12, C., *De jur. et fact. ign.*
(i, 18).

M. de Savigny, dans son traité du droit romain [1], démontre d'une façon irréfutable, croyons-nous, ce principe de la confusion des erreurs au point de vue de leur excusabilité.

« Nous trouvons tout d'abord, dans plusieurs textes, enseigne le savant romaniste, une règle qui établit une distinction entre l'erreur de fait et l'erreur de droit. Tantôt ces deux cas nous sont représentés comme différents dans la pratique [2], tantôt on dit spécialement, au sujet de l'erreur de droit, qu'elle ne profite pas à celui qui la commet [3].

« Mais dès que l'on recherche le motif de cette différence, on se trouve ramené à un principe supérieur, qui nous oblige de restreindre beaucoup ces deux règles.

« En effet, on donne pour motif de la faveur accordée à l'erreur de fait qu'il est souvent difficile ou même impossible de l'éviter [4], et ici se présente aussitôt cette restriction, très-naturelle, que cette faveur ne doit pas s'accorder à celui qui est coupable d'une grande négligence [5]. Pour faire sûrement l'application de cette disposition restrictive, il faut avoir égard aux circonstances particulières de chaque espèce. En général, celui qui se trompe sur ses propres actes ou sur sa propre capacité du droit ne peut invoquer cette erreur, car elle suppose une grande négligence [6]. Mais

---

1. M. de Savigny, *Syst.*, III, app. VII, § III.

2. L. 2, *De jur. et fact. ign.* (XXII, 6) : « *In omni parte error in jure non eodem loco, quo facti ignorantia haberi debet.* » — L. 9, pr. eod : « *Regula est, juris quidem ignorantiam cuique nocere, facti vero ignorantiam non nocere…* » — L. 9, § 5, eod : « *… sciant ignorantiam facti, non juris prodesse…* » — L. 8, eod.: — l. 20, § 1, *Mandati* (XVII, 1) ; — l. 11, § 4, *De his qui not.* (III, 2).

3. L. 7 ; l. 11 ; l. 12, C., *De jur. et fact. ign.* (I, 18).

4. L. 2, *De jur. et fact. ign.* (XXII, 6).

5. L. 3, § 1 ; l. 6 ; l. 9, § 2, *De jur. et fact. ign.* (XXII, 6) ; — l. 11, § 11, *De interrog.* (XI, 1) ; — l. 3, pr., *Ad sc. Maced.* (XIV, 6) ; — l. 15, § 1, *De cont. empt.* (XVIII, 1) ; — l. 14, § 10 ; l. 55, *De œdil. ed.* (XXI, 1) ; — l. 3, § 7, § 8 ; l. 4, *Quod vi* (XLIII, 24).

6. L. 3, pr., *De jur. et fact. ign.* (XXII, 6) ; — l. 3 ; — l. 6 ; — l. 7, *Ad sc. Vell.* (XVI, 1) ; — l. 5, § 1, *Pro suo* (XLI, 10) ; — l. 42, *De R. J.* (I, 17).

ce n'est toujours là qu'une présomption, car une semblable erreur est quelquefois admissible, soit à cause de la position particulière du sujet [1], soit à cause des circonstances spéciales de l'affaire [2].

« De même aussi l'erreur de droit doit être traitée moins favorablement, puisque celui qui la commet est toujours coupable d'une grande négligence [3]; en effet, les règles du droit sont claires et certaines [4], chacun peut les apprendre directement ou s'en faire instruire par un jurisconsulte. On ajoute, il est vrai, que le reproche de négligence peut quelquefois n'être pas mérité, et alors cesse la défaveur attachée à cette négligence; mais ce sont là, dit-on, des cas extrêmement rares [5].

« Ces deux règles peuvent donc se ramener à ce principe général, que l'erreur est inadmissible quand elle ré-

1. L. 2, § 7, *De jur. fisci* (xlix, 14).

2. L. 1, § 2, *De jur. et fact. ign.* (xxii, 6). — Voy. l. 22; — l. 32; — l. 3, *De cond. indeb.* (xii, 6).

3. « Tout doit se ramener à l'idée de *culpa:* cela ressort clairement des textes cités et de la l. 49, § 1, *Mandati* (xvii, 1). Là il n'est pas question, comme dans cette recherche, des effets de l'erreur d'après les règles générales du droit, mais par rapport à l'autre partie contractante; la *culpa* est évidemment la circonstance décisive, et néanmoins la décision a pour base la distinction entre l'erreur de fait et l'erreur de droit. *Cf. Glossa in* l. 11, § 4, *De his qui not.* (iii, 2); et *Cujacrius, opp.* vi, p. 508. (*Note de l'auteur.*) »

4. L. 2, *De jur. et fact. ign.* (xxii, 6).

5. L. 10, *De bon. poss.* (xxxvii, 1); — l. 2, § 5, *Quis ordo* (xxxviii); — l. 0, § 3, *De jur. et fact. ign.* (xxii, 6): « *Sed juris ignorantiam non prodesse, Labeo ita accipiendum existimat, si jurisconsulti copiam haberet, vel sua prudentia instructus sit : ut, cui facile sit scire, ci detrimento sit juris ignorantia:* QUOD RARO ACCIPIENDUM EST. » — « Ces derniers mots peuvent s'entendre de trois manières. 1° Il est rare que l'on évite l'erreur de droit, mais cela est évidemment faux et en contradiction avec l'ensemble des textes. 2° Il est rare que l'opinion de Labéon ait été tenue pour vraie. Mais voici un troisième sens plus simple et plus naturel. Paul ne combat pas le principe de Labéon, seulement il en détermine l'application. Labéon pose indirectement cette règle, que même l'erreur de droit peut être invoquée s'il était difficile de l'éviter. Sans combattre cette proposition, Paul observe que ce cas se présentera rarement, et qu'ainsi dans la pratique cette règle a peu d'importance. (*Note de l'auteur.*) »

suite d'une grande négligence, ou si l'on envisage la chose sous une autre face, la seule erreur valable est celle que l'on peut appeler *justus ou probabilis error, justa ignorantia*[1]. »

[1]. L. 11, § 10, *De interrog.* (xi, 1); — l. 42, *De R. J.* (l, 17); — l. 25, pr., *De prob.* (xxii, 3); — l. 2, *De integr.* (iv, 1); — Paul *Sent.*, I, 7, § 2. — V. aussi : l. 5, § 1, *Pro suo* (xli, 10); — l. 9, pr. *De jur. et fact. ign.* (xxii, 6): « *Regula est, juris quidem ignorantiam cuique nocere, facti vero ignorantiam non nocere.* » En écrivant cette loi, Paul n'a pas entendu poser un principe, mais seulement indiquer ce qui se présente le plus souvent dans la pratique. Autrement l'erreur de fait serait toujours relevante, tandis que l'erreur de droit ne le serait jamais, ce qui est contredit par les §§ 1, 2 et 3.

Papinien avait essayé de soumettre à une règle certaine les effets de l'erreur. En tout cas, l'erreur de fait devait être valable; l'erreur de droit seulement s'il s'agissait d'éviter une perte. Cette tentative de généralisation nous est révélée par la loi 8, *De jur. et fact. ign.* (xxii, 6) : « *Error facti ne maribus quidem in damnis vel compendiis abest: ceterum omnibus juris error in damnis amittendæ rei suæ non nocet.* » La loi 7, *eod.*, est sans doute dictée par une pensée semblable : « *Juris ignorantia non prodest adquirere volentibus, suum vero petentibus non nocet.* » Le système de Papinien ne prévalut pas, ainsi que le prouvent les décisions particulières les plus formelles, entre autres la loi précédente de Paul. — Voy. l. 13, *C., De jur. et fact. ign.* (l, 18).

M. de Savigny (*Syst.*, III, app. vii, § viii, *in fine*) interprète différemment ces deux décisions de Papinien. Voici ses conjectures sur leur véritable sens : « ..... Papinien ne parlait pas de l'erreur en général, il parlait de l'erreur des femmes seulement. Les femmes avaient, de son temps, le privilège de pouvoir invoquer même l'erreur de droit dans tous les cas où l'influence de l'erreur était admise, les donations exceptées, c'est-à-dire, non pas tous les actes qui ont pour résultat d'enrichir une des parties, mais ceux où la volonté commune des contractants a spécialement pour but d'enrichir une seule des parties. Dès lors le mot *lucrum* avait un sens très-précis; quant à celui du mot *damnum*, nous ne saurions le déterminer; mais il n'est pas douteux que Papinien parlait des femmes, cela ressort clairement des expressions mêmes des textes. Les compilateurs se virent forcés de généraliser ce passage, parce que, dans la suite, le privilège des femmes se trouva restreint et leur condition presque assimilée à celle des hommes. Voilà comment l'inadvertance des compilateurs a donné à ces textes la fausse apparence d'un principe général sur l'efficacité de l'erreur.

« Jusqu'ici j'ai présenté cette explication comme une hypothèse vrai-semblable propre à donner une solution satisfaisante de la difficulté; mais cette hypothèse emprunte une valeur historique à une constitution impériale..., où nous voyons les compilateurs suivre le même procédé que pour les textes de Papinien. C'est une loi de Constantin, l. 3, *C. Th., De sponsal.* (iii, 5): « *Quamvis in lucro nec feminis jus ignorantibus subveniri soleat contra ætatem adhuc*

Si nous sommes d'accord avec M. de Savigny sur le principe de la confusion des erreurs au point de vue de leur excusabilité, nous nous séparons de lui en ce qui touche la manière de l'appliquer. D'après le savant auteur, « pour l'erreur de fait, la négligence doit être prouvée ; pour l'erreur de droit, il y a une présomption de négligence, présomption qui ne peut être détruite que par l'existence de circonstances extraordinaires [1]. » A notre avis, quelle que soit la nature de l'erreur alléguée, il faut la justifier, « *scilicet justissima erroris causa allegata* [2]. » Mais, comme nous l'avons déjà dit, la justification d'une erreur de fait sera plus facile que celle d'une erreur de droit, parce que « *constitutiones principum nec ignorare quemquam, nec dissimulare permittimus* [3] », tandis que la preuve de l'erreur de fait résultera presque toujours de l'existence seule de l'acte attaqué.

Le principe romain de la parfaite validité des rapports juridiques entachés d'erreur sur les qualités accessoires de leur objet, le Code Napoléon le consacre dans son article 1110, en n'admettant comme capable d'amener la nul-

---

*imperfectum locum hoc non habere, retro principum statuta declarant. Ne igitur soluta matrimonii caritate inhumanum aliquid statuatur, censemus, si futuris conjugibus tempore nuptiarum intra ætatem constitutis resfuerint donatæ et tradita, non ideo posse eas revocari, quia actis consignare donationem quondam maritus noluit.* » La première phrase est reproduite littéralement, sauf l'addition insignifiante du mot *attamen*, dans la loi 11, au titre *De jur. et fact. ign.*, du *Code* de Justinien (1, 18). On voit clairement d'après le fragment supprimé que *lucrum* désigne ici spécialement la donation, et non pas la moitié des actes juridiques en général, qu'il est question de certaines classes privilégiées, et qu'en matière de donations on accorde aux mineurs une faveur refusée aux femmes. La suppression de la partie concrète a donné à la loi du *Code* le même caractère d'abstraction qu'aux textes de Papinien. Or, comme nous avons sous les yeux la suppression opérée pour le *Code*, la supposition que le texte du *Digeste* a une même origine trouve dans cette analogie un fondement historique. »

1. M. de Savigny, *Syst.*, III; app. vi., § iii, *in fine*.
2. L. 22, *C.*, *De jure delib.* (vi, 30).
3. L. 12, *C.*, *De jur. et fact. ign.* (i, 18).

lité des conventions que l'erreur sur les qualités substantielles. Aussi était-il nécessaire que des dispositions expresses
vinssent octroyer à l'acheteur le droit, assez limité quelquefois pour son importance et sa durée, d'agir en garantie
pour défauts de la chose vendue[1], et à l'héritier celui de
répudier une succession absorbée ou diminuée de plus de
moitié par la découverte d'un testament inconnu au moment
où il l'a acceptée[2]. Il est même à remarquer, à propos de
l'action en garantie, que « le vendeur n'est pas tenu des
vices apparents et dont l'acheteur a pu se convaincre par
lui-même[3]. » Une chose non moins digne d'attention, c'est
que dans les deux cas il s'agit d'erreur de fait.

## III.

### De l'erreur sur la cause des actes juridiques.

La cause d'un acte juridique, c'est ce pourquoi nous le
faisons. Or le pourquoi d'un rapport de droit n'est rien
autre que la résultante des diverses sensations qui nous por-

1. C. N., art. 1641 à 1650. — Ces dispositions, applicables à l'échange en
vertu de l'article 1707, n'ont trait qu'aux aliénations de biens corporels. V. C.
N., art. 1003. — L'article 1649 refuse l'action garantie dans les ventes faites
par autorité de justice, parce que le plus souvent elles ont lieu à vil prix.

Pour couper court à de trop nombreux procès, la loi du 20 mai 1838 est
venue spécifier les maladies et défauts qui, dans les ventes ou échanges de
certains animaux domestiques, donneront seuls ouverture à l'action en
garantie.

2. C. N., art. 783. — Cette disposition, opposable, à cause de sa généralité, aux créanciers comme aux légataires a son utilité que l'on croit ou non
l'héritier tenu des legs *ultra vires*. — Quant à la question de l'accroissement
à l'égard des cohéritiers de celui qui a obtenu la rescision, il faut la résoudre
conformément aux principes qui régissent l'erreur sur la cause ou sur les
motifs d'un acte juridique. En cas d'erreur sur la cause, l'accroissement n'est
pas forcé; s'il n'y a qu'erreur sur les motifs, l'accroissement est obligatoire.

3. C. N., art. 1642.

tent à le consentir. On nomme *cause* ou *motif déterminant* cette résultante, et *qualités de la cause* ou simplement *motifs* les diverses sensations qui l'ont produite.

### (a) *De l'erreur sur la cause même des actes juridiques.*

Fort souvent la cause d'un rapport de droit se confond avec son objet, et par suite l'erreur sur la cause avec l'erreur sur l'objet. C'est ce qui arrive presque toujours dans les contrats commutatifs ou aléatoires.

Quelquefois cependant la cause et l'objet d'un rapport de droit sont distincts. L'erreur sur la cause se présente alors sous un aspect particulier.

Ce sujet est la matière de nombreuses décisions du Digeste.

Nous y trouvons même un titre assez long, « *De adquirenda vel omittenda hereditate* [1] », consacré aux actes juridiques relatifs au droit de succession, et dont presque toutes les dispositions prévoient des cas d'erreur sur la cause, entre autres les suivantes :

« ... *Heres institutus sub conditione, si ante conditionem existentem repudiavit, nihil agit, qualisqualis fuit conditio* [2] ».

« *Si quis dubitet vivat testator, necne; repudiando nihil agit* [3]. »

« *Qui hereditatem adire vel bonorum possessionem petere volet, certus esse debet, defunctum esse testatorem* [4]. »

---

1. D., xxix, 2.
2. L. 13, pr., *De adq. vel omit. hered.* (xxix, 2).
3. L. 13, § 1, *eod.*
4. L. 19, *eod.*

« *Heres institutus, si putet testatorem vivere quamvis jam defunctus sit : adire hereditatem non potest*[1]. »

« *Nec is qui non valere testamentum aut falsum esse putat, repudiare potest. Sed si certum sit, falsum non esse quod falsum dicitur, sicut adeundo adquirit, ita et repudiando amittit hereditatem. — Heres institutus, idemque legitimus : si quasi institutus repudiaverit, quasi legitimus non amittit hereditatem : sed si quasi legitimus repudiaverit, si quidem scit se heredem institutum, credendus est utrumque repudiasse, si ignorat, ad neutrum ei repudiatio nocebit; neque ad testamentariam, quoniam hanc non repudiavit; neque ad legitimam, quoniam nondum ei fuerat delata*[2]. »

« *Sed ita demum pro herede gerendo adquiret hereditatem, si jam sit ei delata*[3]. »

La conséquence de ces dispositions[4], c'est que pour accepter une hérédité aussi bien que pour y renoncer, il faut non-seulement connaître son ouverture, mais encore sa nature[5]. Donc l'erreur sur la cause de nos droits à une succession empêche la formation des rapports juridiques qu'entraînerait son acceptation valable, de même qu'elle nous relève des suites d'une renonciation légale[6].

Une chose digne d'attention, c'est l'absence de toute distinction entre les erreurs de fait et les erreurs de droit, les erreurs excusables et les erreurs inexcusables. La géné-

1. L. 32, pr., *eod.*

2. L. 7, pr., § 1, *De adq. vel omit. hered.* (xxix, 2).

3. L. 21, § 2, *eod.*

4. Voy. aussi : l. 14; l. 16; l. 22; l. 23; l. 33; l. 35, *eod.*

5. Excepté pour l'enfant en tutelle qui était dans une situation particulière de faveur. — L. 8; l. 9, *De adq. vel omit. hered.* (xxix, 2) : « *Hoc enim favorabiliter eis præstatur.* »

6. L. 18, *eod.* : « *Is potest repudiare qui et adquirere potest.* » — L. 21, § 2, *eod.* : « *Ceterum ex quibus causis repudiantem agere dicimus, ex iisdem causis nec pro herede gerendo quicquam agere sciendum est.* »

ralité des dispositions citées, comme l'ensemble du titre, n'en comporte pas. Quant à ce texte du Code : « *Cum ignorantia juris facile excusari non possis, si major annis vigintiquinque hereditati matris tuæ renunciasti, sera prece subveniri tibi desideras*[1] », où l'on a cru apercevoir l'exclusion de l'erreur de droit, il ne nous semble pas avoir trait à l'erreur sur la cause dans la dévolution des successions. Si nous considérons que c'est un rescrit de Gordien, nous souvenant que cet empereur permit le premier aux soldats de revenir sur l'acceptation d'une hérédité onéreuse[2], nous verrons là une réponse à quelqu'un qui demandait qu'on lui fît l'application du même bénéfice. Toujours est-il que la disposition n'est point assez explicite pour dire, avec M. de Savigny, sur la foi de ce seul texte : « Ici se retrouve la restriction ordinaire, qui exclut l'erreur de droit[3]. »

L'erreur sur la cause entraîne la nullité des testaments, comme des actes juridiques relatifs au droit de succession.

« *Quotiens, volens alium heredem scribere, alium scripserit, in corpore hominis*[4] *errans (veluti frater meus, patronus meus), placet neque eum heredem esse, qui scriptus est, quoniam voluntate deficitur; neque eum quem voluit, quoniam scriptus non est*[5]. »

---

1. L. 2, C., *De jur. et fact. ign.* (I, 18).
2. § 6, J., *De hered. qualit.* (II, 19).
3. *Syst.*, III, app. VII, § XVIII.
4. § 29, J., *De leg.* (II, 20) : « *Si quis in nomine, cognomine, prænomine legalarii erraverit, si de persona constat, nihilominus valet legatum, idemque in heredibus servatur, et recte. Nomina enim significandorum hominum gratia reperta sunt : qui si alio quolibet modo intelliguntur, nihil interest.* » — Voy. l. 10, § 1er, *De leg.* (XXX, 1); — l. 4, C., *De testam. et quemad.* (VI, 23), et l. 4, pr., *De leg.* (XXX, 1); — l. 18, *De rebus dubiis* (XXXIV, 5).
5. L. 9, pr., *De hered. inst.* (XXVIII, 5). — Nous rappellerons, bien que ce soit en dehors de notre sujet, qu'à Rome le testament est nul quand le testateur est dans l'erreur ou même dans le doute sur son état personnel. — — Voy. l. 11 et l. 15, *Qui test.* (XXVIII, 1); Ulp. *Reg.*, XX, § 11. — Cette dispo-

« L'institution d'héritier est nulle, écrit M. de Savigny [1], si elle a été faite dans la supposition erronée du décès d'un héritier *ab intestat* ou d'un héritier institué antérieurement [2].

« Elle est nulle si elle a été faite dans la croyance erronée d'un lien de parenté existant entre le testateur et l'héritier. Si l'héritier est un enfant supposé du testateur, la succession est dévolue au fisc pour cause d'indignité [3]; dans tous les autres cas, l'institution est réputée non écrite [4].

sition rigoureuse du droit romain a été sensiblement modifiée par l'empereur Léon, dans sa novelle, 37 : « *Non decet enim ut qui libertatis dignitatem manifeste accepit, ob incertam suspicionem ignominia afficiatur atque testando arceatur.* »

1. *Syst.*, III, app. vII, § xvII.

2. L. 28, *De inoff.* (v, 2); — l. 92, *De her. inst.* (xxvIII, 5). — On maintenait les legs et autres dispositions accessoires d'un testament fondé sur une semblable erreur, et on regardait cela non comme une règle de droit ordinaire, mais comme un acte de haute équité. Aussi les deux textes cités observent que cette mesure secourable est due à l'empereur. (*Note de l'auteur.*)

3. L. 46, pr., *De jur. fisci* (xLIx, 14); — l. 4, *C.*, *De her. inst.* (vI, 24) : « *Auferendam ei successionem.* » Le motif de cette différence était de prévenir la supposition des enfants par la menace de la confiscation. — Si les textes cités étaient moins positifs, on pourrait croire, d'après la loi 1, § 11, *De Carbon. ed.* (xxxvII, 10), que l'institution d'héritier d'un enfant supposé est tenue *pro non scripta*, ce qui exclurait le droit du fisc. Mais il faut regarder les expressions de cette loi comme inexactes, et chercher la règle véritable dans les textes cités plus haut. Peut-être aussi le droit du fisc a-t-il été introduit postérieurement à Ulpien qui est l'auteur de la loi 1, *De Carbon. ed.* La loi 46, *De jur. fisci* est d'Hermogénien. (*Note de l'auteur.*)

4. L. 7, *C.*, *De her. inst.* (vI, 24). — Voici l'espèce de cette loi qui a donné lieu à de nombreuses controverses : Un *peregrinus* adopte comme frère un autre *peregrinus*; tous deux ensuite deviennent citoyens romains, et l'adoptant institue pour héritier ce frère putatif. Les empereurs déclarent nulle cette institution d'héritier, la parenté supposée n'existant pas, puisque même chez les *peregrini* nul ne peut être adopté comme frère. Dans l'interprétation de ce texte il faut évidemment admettre que plus tard ils ont obtenu le droit de cité, car si, comme le pensent plusieurs auteurs, la qualité de *peregrini* était la raison de la nullité, on n'eût pas manqué d'invoquer cet argument péremptoire, et l'erreur du testateur eût été une circonstance indifférente. — C'est sur le même principe que repose la loi 5, *C.*, *De testam.* (vI, 23); et quand bien même ce texte se serait dans l'origine rapporté à un legs (« *non deberi* »), par son insertion au titre *De testamentis*, il a pris un sens plus général, et nous

« Si le testateur déshérite comme illégitime un enfant réellement légitime, l'exhérédation est nulle [1]. Il en est de même de l'exhérédation générale prononcée contre un fils que le testateur croyait mort [2].

« En principe, ajoute le savant romaniste, le legs n'est pas annulé par l'expression d'un motif erroné, car le testateur peut avoir été déterminé par d'autres motifs véritables, mais non exprimés [3]. Si néanmoins il résulte des circonstances que cette erreur est la cause déterminante du legs, on peut opposer au légataire une *doli exceptio* [4]; c'est là une application particulière de cette règle générale, que le légataire qui résiste à la volonté bien connue du testateur est repoussé par la *doli exceptio* [5]. »

Si l'on veut rechercher le sentiment qui a inspiré ces décisions, commentées par M. Savigny, qui paraît supposer qu'il s'agit simplement d'erreur sur les qualités de la

n'avons aucune nécessité d'imiter les auteurs qui le regardent comme une *lex fugitiva* et nient son application à l'institution d'héritier. — On citerait vainement pour combattre mon opinion la loi 33, pr., *De cond.* (xxxv, 1), car cette loi parle de la *falsa demonstratio* qui diffère essentiellement de la *falsa causa*. (*Note de l'auteur*, qui appelle *falsa causa* ce que nous nommons erreur sur le motif).

1. L. 11, § 2, ; — l. 13, *De lib. et posth.* (xxviii, 2).

2. L. 23, pr., *De lib. et posth.* (xxviii, 2). — Un testateur avait dit : « Cæteri omnes filii filiæque meæ exheredes sunto; » mais ce testateur avait un fils vivant qu'il croyait mort. Paul dit que le fils a deux moyens pour attaquer le testament : 1° un vice de forme dans l'exhérédation qui aurait dû être faite *nominatim* (pr., *J., De exher.*, ii, 13); mais l'exhérédation ainsi conçue était réputée faite *nominatim*; 2° l'erreur sur la mort : ce moyen est décisif, et il s'agit seulement d'établir devant les tribunaux que l'erreur a réellement existé. (*Note de l'auteur.*)

3. L. 17, § 2; l. 72, § 6, *De cond.* (xxxv, 1); — § 31, *J., De leg.* (ii, 20); — ll. 1-3, *C., De falsa causa* (vi, 44).

4. L. 72, § 6, *De cond.* (xxxv, 1); — l. 1, *in fin., C., De falsa causa* (vi, 44).

5. L. 4, § 10, *De doli exc.* (xliv, 4). — Voy. l. 6, § 1, *De pecul.* (xxxiii, 8). — Aussi la révocation même irrégulière d'un legs suffisait-elle pour donner ouverture à l'exception. L'institution d'héritier au contraire ne pouvait être révoquée que par un acte régulier. — Voy. l. 22, *De alimendis* (xxxiv, 4); — l. 30, § 3, *De test. mil.* (xxix, 1).

cause, on reconnaîtra aisément qu'elles ont été rendues parce que les jurisconsultes jugeaient l'erreur commise par le testateur d'une telle importance qu'il était à peu près certain qu'une connaissance exacte des choses l'eût amené à disposer tout autrement. En un mot, il y avait là pour eux erreur sur la cause, non sur le motif.

Est-il besoin de faire remarquer qu'une distinction quelconque entre les erreurs ne saurait ici trouver place ?

Les effets de l'erreur sur la cause sont les mêmes dans les actes juridiques entre vifs que dans les actes testamentaires. Voici quelques exemples à l'appui de la nullité de ces rapports de droit :

« *Cum testamentum nullo jure constiterit, ex ejus qui ab intestato successit, professione sola, veluti ex testamento libertos per errorem profitentis, orcini vel proprii liberti, si non ipsius accessit judicium (cum errantis voluntas nulla sit), effici non potuerunt* [1].

---

1. L. 3, C., *De jur. et fact. ign.* (1, 18). — Nous devons signaler deux textes du Digeste en contradiction avec le principe émis : L. 4, pr., *De manum. vend.* (xl., 2) : « *Si pater filio permiserit servum manumittere et interim decesserit intestato, deinde filius, ignorans patrem suum mortuum, libertatem imposuerit, libertas servo, favore libertatis, contingit, cum non appareat mutasse esse domini voluntas.* »

L. 4, § 1er, eod. : « *Quotiens dominus servum manumittat, quamvis existimet alienum esse eum, nihilominus verum est voluntate domini servum manumissum, et ideo liber erit. Et ex contrario, si se Stichus non putaret manumittentis esse, nihilominus libertatem contingere. Plus enim in re est, quam in existimatione; et utroque casu verum est, Stichum voluntate domini manumissum esse. Idemque juris est, et si dominus et servus in eo errore essent, ut neque ille se dominum, nec hic se servum ejus putaret.* »

L'étrangeté de ces dispositions ne s'explique que par la faveur de la liberté, « *favore libertatis.* » C'est sans doute par un motif analogue que, dans les affranchissements opérés, d'après la loi *Ælia Sentia, ex justa causa apud consilium*, on ne tenait aucun compte de la vérité ou de la fausseté de la cause : « *Semel autem causa probata, sive vera sive falsa sit, non retractatur.* » § 6, J., *Qui et quib. ex cau. manum.* (1, 6). — Aussi le jurisconsulte Julien ne trouve-t-il pour justifier sa dernière décision que cette maxime si peu rigou-

« *Non idcirco minus, quod rebis velut e liberis debitam
accepisse pecuniam Sanius dicitur (cum nullus sit errantis
consensus) movere status quæstionem prohibentur ejus heredes* [1].

« *Quamvis debitum sibi quis recipiat, tamen si is qui
dat, non debitum dat, repetitio competit : veluti si is qui
heredem se, vel bonorum possessorem, falso existimans,
creditori hereditario solverit; hic enim neque verus heres
liberatus erit, et is, quod dedit, repetere poterit* [2]... »

reuse : « *Plus est in re quam in existimatione,* » rejetée par plusieurs passages
des Pandectes. — Voy. l. 15, *De adq. vel omitt. hæred.* (xxix, 2); § 11, *J., De
leg.* (ii, 6).

La matière des aveux présente, au même point de vue, une anomalie importante. — En pure théorie, toute déclaration contraire à la vérité, qu'elle ait été
la suite d'une erreur de fait ou d'une erreur de droit, devrait être sans valeur
et considérée pour non advenue. Cependant quelques textes du Digeste n'accordent à celui qui s'est trompé qu'un simple droit de restitution. Voy. l. 9, §§ 8
et 10, *De interrog.* (xi, 1). Nous pensons que ces dispositions dérogatoires ont
été rédigées dans la supposition que fort souvent une négligence reprochable
de l'avouant donnera ouverture contre lui à une action en dommages-intérêts,
procurant à son adversaire un bénéfice égal à celui qu'il eût retiré de l'aveu,
s'il avait été véridique. Pour éviter une multiplicité inutile de procès, les jurisconsultes romains auront jugé sage de maintenir la validité des aveux, entachés
d'erreur, jusqu'à ce que l'avouant ait prouvé qu'aucun recours n'est possible
contre lui. Tel est le sentiment qui parait avoir inspiré la loi citée. Les §§ 11
et 12 le démontrent bien. § 11 : « *Sed et siquis sine dolo malo, culpa tamen responderit, dicendum erit, absolvi eum debere; nisi culpa dolo proxima
sit.* » § 12 : « *Celsus,* nous apprend Ulpien qui partage l'opinion de ce jurisconsulte, *scribit, licere responsi pœnitere, si nulla captio ex ejus pœnitentia
sit actoris.* »

1. L. 9, *C., De jur. et fact. ign.* (i, 18). — V. l. 5, *C., eod.*

2. L. 10, § 1, *De cond. ind.* (xii, 6). ═ Nous trouvons, dans la L. 36, *De
famil. ercisc.* (x, 2), une exception à cette règle. *Opinato heredi,* enseigne Go-
defroy dans son annotation de ce passage des Pandectes, *quod solutum est
auctoritate sententiæ judicis non repetitur ut indebitum.* Ah! c'est que l'intérêt public exige impérieusement que toute décision judiciaire soit tenue
pour conforme à la vérité. Aussi l'illustre romaniste ajoute-t-il immédiatement sur l'autorité d'un texte du Code : « *Quod autem solutum est coheredi
in divisione apud arbitrum celebrata, hoc repetitur.* » V. L. 8, *C., De collat.*
(vi, 20). — V. Cujas (*In tit. ii. Famil. ercisc. Lib. x. Digest., ad leg.* xxxvi)
tome 7, p. 558.

Nous pourrions multiplier les citations, mais pourquoi? Ne nous suffit-il pas de rappeler la théorie romaine des *condictiones*, et en particulier de la *condictio causa data, causa non secuta*[1], pour que personne ne soit tenté de nous contredire[2]?

Et ici encore, la nature de l'erreur est indifférente. Quelle qu'elle soit, l'acte juridique entre vifs est nul; car un contrat entaché d'erreur sur sa cause manque réellement de cause. Aussi Ulpien enseigne-t-il : « *Indebitum autem solutum accipimus, non solum si omnino non debeatur, sed et si per aliquam exceptionem perpetuam peti non poterat : quare hoc quoque repeti poterit; nisi sciens se tutum exceptione*

---

1. D., *De condict. caus. dat.* (xii, 4); = D., *De cond. ind.* (xii, 6); — D., *De cond. sine caus.* (xii, 7); — C., *De cond. ind.* (iv, 5); — C. *De, cond. ob caus. dat.* (iv, 6).

2. M. de Savigny (*Syst.*, § 136, notes c, d, e, f, g, h, i) n'est-il pas de notre avis lorsqu'il écrit : « Une obligation contractuelle est nulle quand une des parties croit traiter avec une personne autre que celle avec laquelle elle traite effectivement. Dans plusieurs cas, cela est trop évident pour avoir jamais été mis en doute : si, par exemple, je veux faire une donation à une personne déterminée, mais que je n'ai jamais vue, et que l'on m'en présente une autre; si je veux commander un ouvrage d'art à un artiste déterminé, et qu'un autre se donnant pour lui vienne contracter avec moi. »

Voy. L. 32, *De reb. cred.* (xii, 1); — l. 52, § 21, *De furtis* (xlvii, 2); — l. 66, § 4, *eod.*; — l. 22, *De cond. ind.* (xii, 6); — l. 6, *De cond. ob caus. datorum* (xii, 4); — l. 7, § 1, et l. 8, *eod.*

Il est vrai que M. de Savigny appelle l'erreur dont il est question dans ces textes, une erreur sur la personne et non une erreur sur la cause. Où sera donc alors la cause du prêt à intérêt, par exemple? Dans la solvabilité plus ou moins grande de l'emprunteur? Mais ce n'est là qu'une qualité de la cause, un motif; la cause elle-même, c'est la demande d'emprunt, se confondant le plus souvent avec la personne de l'emprunteur. M. de Savigny le reconnaît implicitement quand, après avoir dit, au texte : « Si je crois recevoir de Gaius un prêt que Séjus fait effectivement, il n'y a pas d'obligation de prêt contractée, » il ajoute, à la note g : « Ce cas est absolument semblable à celui où une somme d'argent ayant été promise en dot, le mariage ne se réalise pas; ici encore s'évanouit la *dotis obligatio* qui était en expectative. » Or il suffit de lire la fin de la loi 6, *De cond. ob caus. dat.* (xii, 4), à laquelle ce passage fait allusion: « *Nisi forte evidentissimis probationibus mulier ostenderit, hoc eum ideo fecisse, ut ipsi magis mulieri, quam sibi prospiceret* », pour se convaincre que le

*solvit* [1]. » Texte où le jurisconsulte reconnaît implicitement le bien fondé de toutes les erreurs : « *repeti poterit, nisi sciens...* »

L'application de notre règle, en cas de *condictio indebiti*, est pourtant vivement contestée.

D'après certains jurisconsultes, la *condictio indebiti* ne pourrait se fonder que sur une erreur de fait [1]; d'après d'autres, sur une erreur de fait ou une erreur de droit excusable [2].

Voici les textes allégués à l'appui de ces deux systèmes, qui ne diffèrent que par la façon ingénieuse dont M. de Savigny combat le nôtre, en recourant aux erreurs de droit excusables.

L. 10, *C.*, *De jur. et fact. ign.* (I, 18) : « *Cum quis jus ignorans indebitam pecuniam solverit, cessat repetitio. Per ignorantiam enim facti tantum repetitionem indebiti soluti competere tibi notum est.* »

L. 6, *C.*, *eod* : « *Si... indebitam errore facti, olei materiam spopondisse... animadverterit... condicentes audiet.* »

mariage à contracter, non la future, comme le voudrait M. de Savigny, est présumé la cause de la donation.

Pour nous, l'erreur sur la personne n'a rien de particulier; c'est toujours une erreur sur l'un des éléments des actes juridiques; elle ne s'en distingue pas. — Voy. l. 25, *De donat.* (XXXIX, 5), et son explication par M. de Savigny, *Syst.*, IV, § 161.

1. L. 26, § 3, *De cond. ind.* (XII, 6). — La loi 11, *eod.* : « *Si is cum quo de peculio actum est, per imprudentiam plus quam in peculio est solverit, repetere non potest* », fait exception au principe de la nullité des actes juridiques entre-vifs pour erreur sur leur cause. Cette exception s'explique par le caractère spécial de l'action *de peculio*. Les Romains pensaient qu'il y avait pour le maître obligation naturelle de payer la dette en son entier; lui refuser la *condictio indebiti*, c'est seulement lui refuser de revenir sur un devoir accompli. De plus, le maître étant à peu près le seul à même de connaître le montant exact du pécule, il eût été très-difficile de réfuter ses allégations d'erreur.

2. Cujacius, *Opp.* VII, 895; — Donellus, I, 21, § 12, 18; XIV, 14, §§ 5-10; — Voet, XII, 6, Num. 7; — Coccéji, XII, 6, qu. 14.

3. M. de Savigny, *Syst.*, III, app. VII, § XXXV

L. 7, C., eod. : « *Error facti, necdum finito negotio, nemini nocet.* »

L. 6, C., *De cond. ind.* (IV, 5) : « *Si per ignorantiam facti non debitam quantitatem pro alio solvisti... restitui eo agente providebit.* »

L. 7, C., eod. : « *Fideicommissum vel legatum indebitum, per errorem facti solutum, repeti posse explorati juris est.* »

Nous avouons que le premier de ces textes dit positivement : « L'erreur de fait est admise pour la *condictio indebiti,* l'erreur de droit ne l'est pas. » Nous admettons même que les autres concluent au rejet de l'erreur de droit. Pourtant il est possible que dans les cas déférés aux empereurs il n'y eût eu qu'erreur de fait, et les rescrits, dont les considérants se rédigeaient d'après les circonstances de chaque espèce, auront parlé de ce genre d'erreur sans aucune intention de l'opposer à l'erreur de droit.

On cite aussi la loi 9, § 5, *De jur. et fact. ign.* (XXII, 6), extraite de l'ouvrage de Paul, sur les effets de l'ignorance de fait et de droit : elle mérite d'être transcrite : « *Si quis jus ignorans, lege usus non sit, nocere ei dicit epistola divi Pii. — Sed et imperatores Severus et Antoninus in haec verba rescripserunt : quod ex causa fideicommissi indebitum datum est, si non per errorem solutum est, repeti non potest; quamobrem Cargiliani heredes, qui, cum ex testamento ejus pecuniam ad opus aquaeductus reipublicae Cirtensium relictum solverint, non solum cautiones non exegerunt, quae interponi solent, ut quod amplius cepissent municipes, quam per legem Falcidiam licuisset, redderent; verumetiam stipulati sunt, ne ea summa in alios usus converteretur, et scientes prudentesque passi sunt eam summam in opus aquaeductus impendi; frustra postulant reddi sibi a republica Cirtensium, quasi plus debito dederint; cum sit utrumque iniquum, pecuniam, quæ ad opus aquæductus data est, repeti, et rempublicam ex corpore patrimonii sui impendere, et in id opus, quod totum alienæ liberalitatis gloriam repræsentet. Quod si ideo repetitionem ejus pecuniæ habere credunt, quod imperitia lapsi legis Falcidiæ usi non sunt, sciant ignorantiam facti, non juris, prodesse, nec stultis solere succurri, sed errantibus. Et licet municipium mentio in hac epistola fiat, tamen et in qualibet persona idem observabitur. Sed nec, quod in opere aquæductus relicta esse pecunia proponitur, in hunc solum casum cessare repetitionem dicendum est; nam initium constitutionis generale est; demonstrat enim, si non per errorem solutum sit fideicommissum quod indebitum fuit, non posse repeti. Item et illa pars æque generalis est, ut qui juris ignorantia legis Falcidiæ beneficio usi non sunt, nec possint repetere; ut secundum hoc possit dici, etiam si pecunia, quæ per fideicommissum relicta est, quæque soluta est, non ad aliquid faciendum relicta sit et licet consumpta non sit, sed exstet apud eum qui soluta est, cessare repetitionem. »* Comment! il était de principe à Rome que l'erreur de droit excluait la *condictio indebiti*, et Paul ne fournit à l'appui de sa thèse que ces deux constitutions! Ne faut-il même pas que les empereurs Sévère et Antonin justifient leur décision par des considérations de fait. Et dans quelle hypothèse! Lorsqu'il existe une dette naturelle. Celui qui paye sciemment un legs, sans exercer la retenue de la quarte Falcidie à laquelle il a droit, ne fait pas une donation, mais s'acquitte d'une obligation naturelle [1].

---

[1]. C'est ce qui n'est guère contestable si l'on réfléchit à l'importance que le droit romain attachait à ce que l'héritier exécutât même les dispositions testamentaires non régulièrement faites. « *Qui ex testamento vel ab intestato heres exstiterit, et si voluntas defuncti circa legata, seu fideicommissa, seu libertates, legibus non sit subnixa, tamen si sua sponte agnoverit, implendi eam necessitatem habet.* » L. 1, au Code, *De testamentis* (vi, 23). La loi 38, au *Digeste,*

Un autre texte, dit-on, la l. 2, *C.*, *Si adversus solutionem* (II, 33), fait une application encore plus générale du principe de l'exclusion de l'erreur de droit en matière de *condictio indebiti* : « *Indebito legato, licet per errorem juris a minore soluto, repetitionem ei decerni si necdum tempus, quo restitutionis tribuitur auxilium, excesserit, rationis est.* » — « Donc, ajoute M. de Savigny [1], le legs ne peut être répété si le délai de la restitution est expiré, bien moins encore s'il a été acquitté par un majeur. Contre un pareil argument *a contrario*, il n'y a, je crois, rien à objecter. » Mais si, car cette conclusion est formellement contredite par la loi suivante, qui contient et l'espèce et la décision, tandis que le rescrit n'indique pas à quelle occasion il a été rendu : « *Pomponius quoque refert, lib. 28, cum quidam heres rogatus esset fratris filiæ complures res dare ea conditione, ut, si sine liberis decessisset, restitueret eas heredi, et hæc, defuncto herede, heredi ejus cavisset se restituram, Aristonem putasse in integrum restituendam. Sed et illud Pomponius adjicit, quod potuit incerti condici hæc cautio, etiam a majore; non enim ipso jure, sed per condictionem munita est* [2]. » A quoi M. de Savigny répond : « L'erreur tombe probablement sur le contenu ou l'interprétation du testament. » Réplique, nous le reconnaissons, aussi heureuse qu'elle est gratuite.

Les derniers mots, « *non enim ipso jure, sed per con-*

---

*De fideicom. libert.* (XL, 5), a été inspirée par un sentiment semblable : « *In testamento, quod perfectum non erat, alumnæ suæ libertatem et fideicommissa dedit. Cum omnia ut ab intestato egissent, quæsiit imperator, an ut ex causa fideicommissi manumissa fuisset? Et interlocutus est. etiam si nihil ab intestato pater petisset, pios tamen filios debuisse manumittere eam, quam pater dilexisset; pronuntiavit igitur, recte eam manumissam, et ideo fideicommissa etiam ei præstanda.* » Cette loi est de Paul; quiconque la lira ne pourra être surpris de la décision de ce jurisconsulte citée au texte.

1. *Syst.*, III, app. VII, § XXXVII, *in fine.*

2. L. 16, § 2, *De minor.* (IV, 4). — Voy. l. 10, *C.*, *De cond. indeb.* (IV, 5.)

*dictionem munita est* [1], » du passage de Pomponius, cité par Ulpien, suffisent à eux seuls pour la réfutation complète de la doctrine adverse. Nos contradicteurs ne nieront pas qu'au temps de Pomponius la femme, sinon tout le monde, pouvait, hormis dans des cas fort rares, invoquer aussi bien l'erreur de droit que l'erreur de fait; or le jurisconsulte pose, comme un principe incontestable, que, relativement au droit d'exercer la *condictio indebiti*, la situation du citoyen romain, majeur, est la même que celle de la femme. Contre une pareille déduction, demandons-nous à notre tour, qu'y a-t-il à objecter [2]?

La loi célèbre « *Frater a fratre* » est concluante en ce sens. « *Frater a fratre, quum in ejusdem potestate essent, pecuniam mutuatus, post mortem patris ei solvit; quæsitum est an repetere possit? Respondit, utique quidem pro ea parte, qua ipse patri heres extitisset, repetiturum : pro ea vero, qua frater extiterit, ita repetiturum, si non minus ex peculio suo ad fratrem pervenisset : naturalem enim obligationem, quæ fuisset, hoc ipso sublatam videri, quod peculii partem pater sit consecutus : adeo ut, si prælegatum filio, eidemque debitori id fuisset, deductio hujus debiti a fratre ex eo fieret : idque maxime consequens esse ei sententiæ, quam Julianus probaret... — § 1. Quæsitum est, si pater filio crediderit, isque emancipatus solvat, an repetere possit? Respondit, si nihil ex peculio apud patrem remanseri t non repetiturum; nam manere naturalem obligationem... § 2. Contra si pater, quod filio debuisset, eidem mancipato solverit, non repetet : nam hic quoque manere naturalem obligationem... Eademque erunt, et si extraneus heres*

1. La grammaire exige *munita* au lieu de *munitus*. C'est du reste une leçon confirmée par de très-anciennes éditions.

2. La disposition exceptionnelle de la loi 2, *C., Si adv. solut.* (II, 33), est sans doute intervenue dans un cas où il y avait moins une obligation pécuniaire qu'un devoir d'honneur à remplir.

*exheredato filio solverit id, quod ei pater debuisset. — § 3.
Legati satis accepi, et cum fidejussor mihi solvisset, appa-
ruit indebitum fuisse legatam; posse eum repetere existimavit[1]. »*

En présence d'une pareille décision, que devient la distinction des erreurs de fait et de droit? Néanmoins M. de
Savigny ne veut pas se tenir pour battu. Désireux de sau-
ver la vieille théorie des deux erreurs, il essaye de sortir
d'embarras en inventant une règle nouvelle : celle des erreurs de droit excusables assimilées à des erreurs de fait.
« Rapporter faussement, écrit-il, une espèce à une règle,
constitue une erreur de fait et non une erreur de droit. »
Continuons la citation, et l'on verra de quel arbitraire on
ne se fait pas scrupule. « Rapprocher l'espèce de la règle,
si l'espèce est simple, est chose trop facile pour donner lieu
à une erreur. Mais, pour une espèce compliquée, ce rapprochement devient souvent si difficile, que plusieurs personnes, ayant une égale intelligence des règles, jugeront
l'espèce d'une manière très-opposée. Il y aurait donc arbitraire et injustice, si, non content de donner tort à celui
dont on rejette le jugement, on l'accusait d'une grande négligence, comme s'il lui eût été facile de s'enquérir de la
vérité[2]. » Avec ce système, qui ne tend à rien moins qu'à
créer un privilége au profit des personnes versées dans la
connaissance des lois, M. de Savigny expliquera aisément
que dans le texte d'Africain il n'est nullement question d'erreur de droit : « L'erreur tombe non sur le contenu de la

1. L. 38, *De cond. ind.* (xii. 6). — Africain ne motive pas sa dernière décision. Est-ce que l'ensemble du texte, la marche des raisonnements du jurisconsulte, les objections qu'il soulève et les réponses qu'il y fait, tout enfin ne
conspire pas à rendre applicable ici la raison donnée dans les autres paragraphes : « Il n'y a pas d'obligation naturelle », c'est-à-dire, que le legs a été
payé sans cause, ce qui n'exclue aucun genre d'erreur?

2. M. de Savigny, *Syst.*, III. app. vii, § v.

règle, mais sur son application à une espèce très-compli-
quée [1]. » Il est malheureux que le savant romaniste n'ait
trouvé dans toute la matière des *condictiones* aucun exemple
d'une erreur de droit excusable, formellement reconnue
comme telle [2]. Ulpien distingue-t-il entre les erreurs de
droit, lorsque, dans la l. 1, *pr.*, *Ut in possessionem legato-
rum* (xxxvi, 4), il admet la *condictio indebiti*, malgré une
erreur de droit? Non. Voici la décision du jurisconsulte : « *Si
quis, cum vetitus esset satis accipere, acceperit, an repeti
satisdatio ista possit, ut heres condicat liberationem? et
quidem si sciens heres indebitum cavit, repetere non potest.
Quid deinde si ignoravit remissam sibi satisdationem? potest condicere; si vero hoc non potuisse remitti crediderit,
nunquid condicere possit qui jus ignoravit? adhuc tamen
benigne quis dixerit satisdationem condici posse. Quid
deinde, si commissa sit stipulatio? fidejussores putamus
exceptione uti posse, an non? et magis est, ut utantur exceptione, quia ex ea causa intercessit satisdatio, ex qua non
debuit* [3]. « D'après l'ancien droit, un testateur ne pouvait
dispenser son héritier de fournir caution aux légataires. Un
décret de Marc-Aurèle, inséré dans ses *Semestria*, abolit
cette disposition prohibitive. Par ignorance du rescrit, un
héritier, exempté de la caution, croyant l'exemption non
valable, en fournit une; « *Satisdationem condici posse* »,
répond le jurisconsulte. Les partisans de la distinction des
erreurs en erreurs de droit et en erreurs de fait nous re-
prochent la timidité avec laquelle s'exprime Ulpien : « *Adhuc
tamen benigne quis dixerit* » ; ils voient même dans cette
timidité la reconnaissance implicite de leur principe. Eh
quoi! n'y avait-il pas une certaine audace à accorder la *con-*

---

1. *Syst.*, III, app. vii, § xxxv.
2. Voy. Gaii *Com.*, III, § 98, § 110.
3. V. L. 16, *De pactis* (ii, 14); — l. 2, *C.*, *Ut in poss.* (vi, 54).

*dictio* à l'héritier? N'était-ce pas négliger des principes positifs pour suivre une déclaration impériale, sans force de loi, malgré son insertion dans les *Semestria?* Que le décret procurât une exception, on l'admettait facilement, mais une action, difficilement. Qu'on n'aille pas dire qu'il s'agit d'une *indebita promissio,* non d'une *solutio,* car l'une et l'autre sont en général soumises aux mêmes lois.

Nous pourrions, en faveur de notre opinion, citer encore plusieurs décisions du Digeste[1] et du Code[2]; nous nous contenterons de signaler le passage suivant des Fragments de Vatican : « *Ulpianus* lib. 1, *ad edictum de rebus creditis. — Indebitum solutum accipimus, non solum si omnino non debebatur, sed et si per aliquam exceptionem peti non poterat, id est perpetuam exceptionem; quare hoc quoque peti poterit, si quis perpetua exceptione tutus solverit. Unde si quis contra legem Cinciam obligatus non excepto solverit, debuit dici repetere eum posse; nam semper exceptione Cinciæ uti potuit non solum ipse, verum, ut Proculeiani contra Sabinianos putant, etiam quivis, quasi popularis sit hæc exceptio; sed et heres ejus, nisi forte, durante voluntate, decessit donator[3].* » M. de Savigny[4] explique ce passage en affirmant que « la circonstance particulière et décisive, pour autoriser dans l'espèce la *condictio,* est non pas l'erreur, mais une règle absolue de droit positif. » — « Sans doute, dit M. Machelard[5], qui voit une divergence entre les jurisconsultes sur l'application de la règle *error juris* à la *condictio indebiti,* il n'était pas impossible

<hr>

1. L. 10, § 4, *De publicanis* (xxxix, 4); — l. 37, *De auro* (xxxiv, 2); — L. 79, *De leg.,* 2 (xxxi); — l. 20, pr., *Famil. erc.* (x, 2).
2. L. 10, *C., De cond. ind.* (iv, 5).
3. *Frag. Vatic.,* § 266.
4. *Syst.,* IV, § 165.
5. *Des oblig. nat.,* p. 79, 136.

que le donateur eût payé par suite d'une erreur de fait,
parce qu'il se sera trompé sur la valeur de ce qu'il a promis,
parce qu'il aura faussement attribué la qualité d'*exceptus* à
celui qui ne l'avait pas. On ne peut nier cependant qu'une
pareille erreur ne soit assez rare, et l'application de la *condictio indebiti* se trouvera assez restreinte si l'on ne doit
pas tenir compte de l'erreur de droit. » Pour pretendre qu'il
s'agit « d'une règle de droit positif », M. de Savigny s'appuie probablement sur les expressions « *quasi popularis sit
hæc exceptio* » ; mais ce n'est pas du tout le sens de ces
mots, qui signifient simplement : « exception générale à
l'exemple des exceptions d'ordre public. » A cette question :
Qui peut invoquer l'exception de la loi *Cincia?* les Sabiniens
répondent : le donateur; les Proculéiens : tout le monde.
La marche du raisonnement d'Ulpien est celle-ci : « Celui
qui paye une dette, qu'une exception perpétuelle qu'il igno-
rait[1] lui permettait de ne pas acquitter, peut répéter : *Unde
si quis contra legem Cinciam obligatus non excepto solverit,
debuit dici repetere eum posse, nam semper exceptione
Cinciæ uti potuit...* » Quant à la distinction entre les erreurs, le jurisconsulte ne s'en occupe pas. Cependant le
point était digne d'attention, si vraiment l'erreur de droit
excluait en principe la *condictio indebiti*.

Nous croyons que ces citations font ample justice de la
distinction des erreurs en matière de *condictio indebiti;*
distinction appuyée seulement sur des rescrits dont les dispositions ne sont pas suffisamment explicites pour servir de
base à une théorie, car ils sont intervenus dans des circon-

---

1. L. 24. *De cond. ind.* (xii, 6): « *Si is qui perpetua exceptione tueri se
poterat, cum sciret sibi exceptionem profuturam, promiserit aliquid, ut libe-
raretur, condicere non potest.* » Cette loi d'Ulpien, rapprochée d'un autre passage de ce jurisconsulte, qui forme la L. 26. § 3, au même titre du Digeste,
montre clairement que l'inscience du *solvens* est une condition *sine qua non*
de toute répétition d'indû.

stances que rien ne révèle, et qui peut-être, si nous les connaissions, conduiraient à une conclusion toute différente de celle de nos adversaires. Un seul de ces textes, celui commenté par Paul, mentionne l'espèce qui y a donné lieu. Mais non content qu'il a trait à une situation exceptionnelle, on peut dire que l'erreur porte plutôt sur une qualité de la cause, la retenue à exercer en vertu de la Falcidie, que sur la cause elle-même qui est le testament [1].

Les jurisconsultes romains ne sont pas d'accord sur l'application à la tradition du principe de la nullité des actes juridiques pour erreur sur leur cause [2].

Malgré une semblable erreur, la chose, objet de la tradition, passera-t-elle dans le patrimoine de l'*accipiens?*

Julien déclare qu'un désaccord sur la cause de la tradition n'empêche pas la translation de la propriété : « *Cum in corpus quidem, quod traditur, consentiamus, in causis vero dissentiamus, non animadvertero cur inefficax sit traditio; veluti si ego credam me ex testamento tibi obligatum esse ut fundum tradam, tu existimes, ex stipulatu tibi eam deberi. Nam et si pecuniam numeratam tibi tradam donandi gratia, tu eam quasi creditam accipias; constat proprietatem ad te transire, nec impedimento esse, quod circum causam dandi atque accipiendi dissenserimus* [3]. » Il est regrettable que le jurisconsulte n'ait pas jugé à propos de motiver sa

1. C'est ce qui nous explique pourquoi : « *Post legatum acceptum, non tantum licebit falsum arguere testamentum, sed et non jure factum contendere;* INOFFICIOSUM AUTEM DICERE NON PERMITTITUR. » Au *Digeste*, l. 5, *De his quæ ut indignis* (xxxiv, 9).

2. Celui qui administre le bien d'autrui, croyant gérer sa propre cause, a-t-il l'action utile *negotiorum gestorum?* Pothier, *Pand.*, n. 8, tient pour l'affirmative, par argument de la L. *ult. De negot. gest.* (iii, 5). M. Pellat, *op. cit.*, p. 300 et 358, semble professer la négative. C'est à cette dernière solution que conduit le principe de la nullité des rapports de droit pour erreur sur leur cause.

3. L. 36, *De adq. rer. dom.* (xli, 1). — Voy. § 40, J., *De rer. div.* (ii, 1).

décision, car nulle part, dans le Digeste, on ne trouve d'indication qui permette d'expliquer d'une façon satisfaisante cette dérogation à la règle si précise de la nullité des actes juridiques entachés d'erreur sur leur cause. Tout au contraire, les Pandectes nous ont conservé une réponse d'Ulpien, qui contredit expressément celle de Julien : « *Si ego pecuniam quasi donaturus dedero, tu quasi mutuam accipias, Julianus scribit donationem non esse; sed an mutua sit, videndum. Et puto nec mutuam, magisque nummos accipientis non fieri, cum alia opinione acceperit. Quare, si eos consumpserit, licet condictione teneatur, tamen doli exceptione uti poterit; quia secundum voluntatem dantis nummi sunt consumpti* [1]. » Nous n'essayerons pas de concilier ces passages, dont la contradiction réelle ou apparente a fait naître, depuis les glossateurs jusqu'à nos jours, les interprétations les plus opposées [2]. Nous nous contenterons de constater que de ces deux manières d'envisager l'erreur sur la cause de la tradition, la plus juridique assurément est celle d'Ulpien, qui découle naturellement des principes. Ce n'est pas pourtant que nous ne puissions citer des textes à l'appui de l'opinion d'Ulpien [3], mais aucun n'a une valeur suffisante pour nous donner le droit de négliger la décision de Julien.

La théorie romaine de la nullité des actes juridiques pour erreur sur leur cause a été adoptée par le Code Napoléon, qui la consacre par un article exprès, l'article 1131,

1. L. 18, pr., *De reb. cred.* (xii, 1).
2. M. de Savigny, *Syst.*, IV, § 161.
3. Par exemple, ceux-ci : L. 15, § 2, *De contr. empt.* (xviii, 1) : « *Si rem meam mihi ignoranti vendideris, et jussu meo alii tradideris, non putat Pomponius dominium meum transire : quoniam non hoc mihi propositum fuit, sed quasi tuum dominium ad eum transire; et ideo etiam si donaturus mihi rem meam, jussu meo alii tradas, idem dicendum erit.* » — Voy. l. 16, eod. —

ainsi conçu : « L'obligation sans cause, ou sur fausse cause...
ne peut avoir aucun effet [1]. »

L. 35, *De a lq. rer. dom.* (XLI, 1) : « *Si procurator meus vel tutor pupilli, rem suam, quasi meam, vel pupilli, alii tradiderint, non recessit ab eis dominium, et nulla est alienatio, quia nemo errans rem suam amittit.* »

On prétend qu'il s'agit dans ces textes, du moins dans le second, d'*error in corpore*. A ce compte, toutes les erreurs seront des erreurs *in corpore*. Est-ce que dans un procès sur la propriété d'un cheval, le dissentiment provient d'*error in corpore*? Non. Il a sa source dans l'erreur des parties sur leurs droits à la chose. Tout au plus est-il permis de dire que ces lois visent des cas d'erreur sur les qualités substantielles. Mais relativement au mandataire ces qualités sont sans importance, puisque l'on exige seulement de lui qu'il ait traité en vertu d'un mandat valable et conformément à ce mandat. Le mandat est nul ici, car on ne peut, ni par soi-même ni par autrui, disposer d'un bien sur lequel on n'a aucun droit de disposition. Si, croyant à mon mandant ce droit, alors qu'il m'appartient, j'exécute ses ordres et livre ma chose comme étant à lui, la tradition est nulle. Pourquoi? Parce que la cause de la tradition, un mandat inexistant, est fausse.

Une loi célèbre de Marcellus (l. 49, *Mandati*, XVII, 1) semble contredire la précédente. Nous disons semble, car la contradiction est bien plus le résultat d'une situation toute spéciale que la suite d'une divergence de principes. Nous sommes persuadés que Marcellus a été conduit à donner cette solution parce que, en droit romain, le mandataire s'obligeant personnellement, il lui a paru bon, pour éviter un circuit d'actions, d'appliquer la maxime : « *Quem de evictione tenet actio eumdem agentem repellit exceptio* », et de refuser la revendication au mandataire, lui laissant la ressource d'une action en indemnité par la *mandati contraria*. — C'est sur une raison analogue que se fonde la seconde partie du texte.

1. Nous avons mentionné précédemment l'atteinte portée à ce principe par l'article 2054. Dès que la loi admettait l'erreur de droit comme relevante, elle devait prononcer la nullité radicale des transactions et non pas se contenter de donner contre elles une simple action en rescision.

En revanche, le premier alinéa de l'article 2057 est parfaitement conforme au principe de l'article 1131. Il a pour but de nous apprendre que les erreurs de l'espèce qui y est prévue sont des erreurs sur les qualités de la cause et non sur la cause elle-même des transactions. La loi 29, au Code, *De transactionibus* (II, 4), a été inspirée par un motif analogue : « *Sub praetextu specierum post repertarum, generali transactione finita, rescindi prohibent jura.* » Il en est ainsi probablement de la loi 19, *eod. loc.* « *Sub praetextu instrumenti post reperti, transactionem bona fide finitam rescindi jura non patiuntur. Sane si per se vel per alium subtractis instrumentis, quibus veritas argui potuit, decisionem litis extorsisse probetur: siquidem actio superest, replicationis auxilio doli mali pacti exceptio removetur: si vero jam perempta est, intra constitutum tempus tantum actionem de dolo potes exercere.* » — Voy. l. 42, C., *De transact.* (II, 4); — l. 3, § 1, et l. 12, *De transact.* (II, 15). — La loi 19, citée,

Cet article ne parle que d'obligation, mais personne n'a mis en doute que sa portée ne fût générale [1].

De ce que le Code ajoute dans l'article 1132 : « La convention [2] n'est pas moins valable, quoique la cause n'en soit pas exprimée », quelques auteurs pensent que, par dérogation aux règles ordinaires en matière de preuve, c'est à celui qui nie que l'acte juridique satisfasse aux conditions exigées par l'article 1131, à prouver sa prétention contre celui qui soutient que ces conditions ont été remplies.

Nous croyons qu'on se trompe en supposant que les rédacteurs du Code civil ont voulu, dans l'article 1132, réglementer la preuve de la cause des rapports de droit. Le but de cet article est seulement de nous apprendre que l'obligation qui a une cause non fausse, que cette cause soit exprimée ou non, est valable. La connexion évidente des articles 1131 et 1132 ne permet pas de donner un autre sens à cette disposition.

La preuve de la cause des actes juridiques n'étant soumise par ailleurs à aucune forme particulière, il convient de suivre ce principe non contesté de notre législation qui oblige tout requérant à justifier l'existence de son droit et par conséquent sa cause, condition nécessaire de son existence. D'a-

---

ne s'harmoniserait guère avec celles-ci, si l'on rejetait la supposition que nous avons faite.

Quant à l'article 2058, il a trait à l'exécution de la transaction, nullement à la convention en elle-même, qui doit être, comme toute autre, fidèlement remplie. — Voy. loi unique, C., *De errore calculi* (II, 5).

== Pour ce qui est de l'aveu judiciaire, s'il n'est point révocable lorsqu'il a été la suite d'une erreur de droit, c'est qu'alors l'erreur affecte seulement le motif de la déclaration. Il est nul en cas d'erreur de fait parce que c'est une erreur sur sa cause (C. N., art. 1350).

1. L. 5, C., *De test.* (VI, 23); l. 4, C., *De hæred. inst.* (VI, 24). — Voy. aussi : l. 33, D., *De cond. et demons.* (XXXV, 1); — l. 38, D., *De hæred. inst.* (XXVIII, 5); — l. 5, C., *De hæred. inst.* (VI, 24); — Furgole, chap. V, sect. 4, nᵒˢ 4 et 6.

2. Cette expression indéfinie : « la convention, » n'appuie-t-elle pas l'extension donnée à l'article 1131 ?

près notre système sur la formation des actes juridiques [1], cette justification, sauf démonstration contraire, résultera de la preuve de l'action génératrice du rapport de droit argué de nullité.

Le Code Napoléon nous offre plusieurs exemples d'actes juridiques nuls pour erreur sur leur cause.

C'est ainsi que nous lisons dans l'article 1376 : « Celui qui reçoit par erreur ou sciemment ce qui ne lui est pas dû, s'oblige à le restituer à celui de qui il l'a indûment reçu », et dans l'article 1377 : « Lorsqu'une personne qui, par erreur, se croyait débitrice, a acquitté une dette, elle a le droit de répétition contre le créancier. »

L'article 1376 impose l'obligation de rendre, sans distinguer si le prétendu débiteur a agi par erreur ou sciemment. Néanmoins des auteurs se sont crus autorisés, par un passage de l'exposé des motifs de nos articles [2], à refuser la répétition à celui qui a payé sciemment. En général, quelque explicites que soient des commentaires, nous ne saurions admettre qu'ils prévalent contre les textes. Je suis d'autant plus porté à suivre ici cette manière de voir que, dans son interprétation littérale, l'article 1376 n'est qu'une application pure et simple de l'article 1235 : « Tout payement suppose une dette ; ce qui a été payé sans être dû, est sujet à répétition »; alors que l'opinion contraire, si elle était adoptée, permettrait les libéralités manuelles contrairement à l'article 893, qui porte : « On ne pourra disposer de ses biens, à titre gratuit, que par donation entre vifs ou par testament, dans les formes... établies. »

La répétition prévue par l'article 1377 s'opère, avec les restrictions mentionnées dans les articles 1377, 1379, 1380 et 1381, sans qu'il faille s'occuper de la nature de l'erreur

1. V. p. 50.
2. Fenet, t. XIII, p. 484, 485.

commise par le *solvens*. La généralité des termes de l'article 1377 impose cette solution, conforme du reste aux règles de la création des rapports juridiques.

On s'est aussi demandé, à propos du même article, s'il était permis de revenir sur l'exécution d'une obligation simplement naturelle que l'on a remplie parce qu'on la tenait pour civile. Dans ce cas, l'erreur porte non sur la cause du payement, la dette, mais sur une qualité de cette cause, à savoir si la dette est civilement ou seulement naturellement obligatoire. Il convient par conséquent d'appliquer le principe qui régit l'erreur sur les motifs dont nous allons maintenant nous occuper.

### (b) De l'erreur sur les motifs des actes juridiques.

L'erreur sur la cause, assimilée à un manque absolu de volonté, entraîne, en droit français comme en droit romain, la nullité radicale des rapports juridiques. L'erreur sur les motifs, c'est-à-dire sur les qualités de la cause, est au contraire sans influence sur leur validité.

Cette règle découle implicitement, pour le Code Napoléon, des articles 1108 et 1131 combinés, et nous ne connaissons dans notre droit civil aucune disposition qui y déroge. « *Error circa motivum excitans non irritat contractum. Illud satis patet per se, cum non fuerit vera causa contractus.* » L'erreur sur le motif ne vicie pas l'acte : « *Quia semper remanet ratio sufficiens* [1]. »

Mais il est souvent fort difficile, dans les rapports juridiques, de distinguer leur cause de leurs motifs. C'est là, en général [2], une question de pure appréciation qu'il appartient

---

1. Carrière, *Præl. theol.*, *De contract.* t. I, n° 59.
2. L'article 1186 du Code Napoléon, en disant : «... Ce qui a été d'avance

au magistrat de décider. sans contrôle. « Pour que l'erreur
soit une cause de nullité de la convention, disait M. Bigot-
Préameneu, il faut que le juge puisse être convaincu que la
partie ne se serait pas obligée si elle n'avait pas été dans
cette erreur [1]. »

Il est évident que si un motif revêtait la forme d'une
condition, notre règle ne s'appliquerait pas.

Ce principe de la parfaite validité des actes juridiques,
malgré une erreur sur les qualités de leur cause, n'est point
une nouveauté du Code civil français ; il existait en droit
romain [2] ; et là, non plus que chez nous, on ne relève aucune
décision qui y fasse exception.

Nous touchons à la fin de notre travail ; mais, avant de
conclure, qu'on nous permette de dire quelques mots de
certaines classes de personnes qui, grâce à des dispositions
toutes de faveur, échappaient quelquefois, à Rome, aux conséquences régulières de rapports de droit entachés d'erreur.

De ces priviléges, le premier et le plus important est
celui des mineurs, à qui l'erreur, dans les transactions li-
cites, ne saurait nuire, puisqu'ils sont en général restituables
contre les actes ou omissions leur portant préjudice : « *Non
omnia, quæ minores rigintiquinque annis gerunt, irrita
sunt, sed ea tantum quæ, causa cognita, ejusmodi depre-
hensa sunt, ut si ab aliis circumventi, vel sua felicitate de-
cepti, aut quod habuerunt, amiserunt, aut quod adquirere
emolumentum potuerunt, omiserunt, aut se oneri quod non*

ne peut être répété, » décide implicitement que l'erreur du *solvens* ne sera
jamais alors qu'une erreur sur les motifs.

1. Fenet, t. XIII, p. 223, *Exposé des motifs.* — Voy. Pothier, *Oblig.*,
n° 20 ; — Aubry et Rau, t. III, § 343.

2. Voy. par exemple, l. 65, § 2, *De cond. indeb.* (XII, 6).

*suscipere licuit, obligaverunt*[1]. » — « *Minoribus*, lisons-nous daus une constitution des empereurs Honorius et Théodose[2], *in his quæ vel prætermiserint, vel ignoraverint, innumeris auctoritatibus constat esse consultum.* » — Cette protection ne s'étendait pas aux délits. Paul nous l'apprend dans ses *Sentences* : « *Si aliquod flagitium admiserit quod ad publicam coercitionem spectet, ob hoc in integrum restitui non potest*[3]. » Il semble cependant qu'assez souvent cette restriction même cessait quand il s'agissait de violations du droit simplement positif[4].

Jusqu'au ve siècle de l'ère chrétienne, les femmes furent assimilées aux mineurs, excepté en cas de donation où elles ne pouvaient invoquer l'erreur de droit[5]. « *Et mulieribus, et minoribus, in his quæ prætermiserint vel ignoraverint, innumeris auctoritatibus constat esse consultum*[6]. » Ce texte, moins les premiers mots : « *et mulieribus et,...* » est reproduit dans le Code de Justinien[7]. La suppression est

1. L. 44, *De minor.* (iv, 4).

2. L. 8, C., *De in int. rest. minor.* (ii, 22). C'est une interpolation de la loi 3, C. Th., *De in int. rest. min.* (ii, 16). — Voy. l. 9, pr., *De jur. et fact. ign.* (xxii, 6); — l. 11, C., *De jur. et fact. ign.* (i, 18), et l. 3, C. Th., *De sponsal.* (iii, 5).

3. Paul *Sent.*, I, 9, § 1. — Voy. l. 9, pr., *De jur. et fact. ign.* (xxii, 6); — l. 9, §§ 2, 3, 4; l. 7, § 1, *De minor.* (iv, 4).

4. L. 1, C., *Si adv. del.* (ii, 35) : « *Si tamen delictum non ex animo, sed extra venit... restitutionis auxilium competit.* » — Voy. l. 37, § 1, *De minor.* (iv, 4).

5. L. 3, C. Th., *De sponsal.* (iii, 5) : « *Quamvis in lucro* (dans les donations) *nec feminis jus ignorantibus subveniri soleat, contra ætatem adhuc imperfectum locum hoc non habere, retro principum statua declarant.* » — Voy. l. 11, C., *De jur. et fact. ign.* (i, 18); et M. de Savigny, *Syst.*, iii, app. viii, § 8, *in fine*.

6. L. 3, C. Th., *De in int. rest.* (iii, 16).

7. L. 8, C., *De in int. rest.* (ii, 22). — Voy. l. 9, pr., *De jur. et fact. ign.* (xxii, 6). — Les mots : « *in quibusdam causis...* » ont été ajoutés par les compilateurs afin de faire concorder cette loi avec la constitution de l'empereur Léon. — L. 3, C. *De præscr.* xxx (vii, 39).

une conséquence de l'innovation de l'empereur Léon, qui, dans une constitution de l'an 469, abolit le privilége général accordé aux femmes par la constitution précédente des empereurs Honorius et Théodose. Il décréta qu'elles ne pourraient désormais se faire relever exceptionnellement des suites de leurs erreurs, que si, dans les lois antérieures, des dispositions spéciales leur accordaient ce bénéfice. « *Ne passim liceat mulieribus omnes suos contractus retractare, in his quæ prætermiserint vel ignoraverint; statuimus, si per ignorantiam juris damnum aliquod circa jus vel substantiam suam patiantur, in his tantum casibus, in quibus præteritarum legum auctoritas eis suffragatur, subveniri* [1]. »

Voici, d'après M. de Savigny [2], les cas auxquels, sous la législation justinienne, s'appliquent ces mots de la constitution de Léon (*in quibusdam causis*). — Ce sont :

L'acceptation d'une caution judiciaire non valable [3];

Le défaut de production, dans un procès, des pièces justificatives [4];

L'omission des formalités à remplir en cas de grossesse, après la dissolution du mariage [5];

Le payement d'une dette contre laquelle existait l'*exceptio S. C. Velleiani*, si le payement a été fait dans l'ignorance du sénatus-consulte [6];

La violation par ignorance d'une loi pénale toute posi-

---

1. L. 13, *C.*, *De jur. et fact. ign.* (xxii, 6).
2. *Syst.*, III, app. vi, § xxxi.
3. L. 8, § 2, *Qui satisdare* (ii, 8). — Voy. Cujac., *Opp. In quæst. Papin.*, liv. XIX, *ad leg.* 7, *D.*, *De jur. et fact. ign.* (xxii, 6).
4. L. 1, §§ 2-5, *De edendo* (ii, 13).
5. L. 2, § 1, *De inspic. ventre* (xxv, 4).
6. L. 9, *C.*, *ad S. C. Vell* (iv, 29). — Doneau étend cette exception à tous les payements que font les femmes par suite d'une erreur de droit (i, 21, § 13). Il invoque à l'appui de sa manière de voir la loi 5, *C.*, *De pactis* (ii, 3). Seulement, ce texte parle de l'erreur sans en spécifier la nature.

tive. Ici la femme est mise sur la même ligne que les mineurs. On cite, parmi les lois de cette espèce, celle qui punit l'*incestus juris civilis*[1], le *S. C. Turpillianum*[2], et aussi, lorsqu'il y a des motifs particuliers d'excuse, les contraventions à la loi *Cornelia, De falsis*[3].

Dans les hypothèses suivantes, les *rustici*[4] pouvaient invoquer l'erreur, indépendamment de toute preuve de *justa erroris causa :*

Quand ils avaient laissé passer le délai de la *bonorum possessio*[5];

Quand ils avaient omis de produire des pièces justificatives[6].

Relativement aux actes défendus par une loi pénale positive, les *rustici* étaient le plus souvent assimilés aux femmes. Avaient-ils endommagé les édits des magistrats[7], violé le *S. C. Silanianum*[8], ou désobéi à une *in jus vocatio*[9], ils trouvaient dans l'erreur un motif légitime d'excuse.

« Deux motifs, enseigne M. de Savigny[10], se réunissaient pour entourer les soldats d'une grande faveur. D'abord on reconnaissait qu'en général leur genre de vie les empêchait

1. L. 38, pr., § 2, § 4, § 7, *ad l. Jul. De adul.* (xlviii, 5), rapprochée de la loi 68, *De ritu nupt.* (xxiii, 2,) — novel. 12, ch. 1er; — l. 4, *C., De incestis* (v, 5).
2. L. 1, § 10; l. 4, pr., C, *al S. C. Turpill.* (xlix, 15).
3. L. 15, § 5. *ad l. Corn. De falsis* (xlviii, 10).
4. *Rusticitas* ne désigne pas une condition ou un métier, mais ce défaut de culture intellectuelle qui se rencontre souvent dans l'isolement de la campagne.
5. L. 8, C., *Qui admitti* (vi, 9,. — Cette faveur n'était pas accordée aux femmes.
6. L. 1, §§ 2-5, *De edendo* (ii, 13).
7. L. 7, § 4, *De jurisd.* (ii, 1).
8. L. 3, § 22, *De S. C. Silan.* (xxix, 5.
9. L. 2, C., *De in jus voc.* (ii, 2.
10. *Syst.,* III, app. vii, § xxxiii.

d'acquérir la connaissance du droit[1]; ensuite on voulait encourager par des priviléges la profession de soldat, comme nous en avons ailleurs d'autres preuves.

« Cependant on ne leur accorda jamais une restitution générale contre l'erreur; mais..... seulement plusieurs priviléges importants.

« Les soldats sont restitués s'ils ont laissé passer le délai de l'*aditio hereditatis*[2], ou de l'*agnitio* d'une *bonorum possessio*[3].

Le délai pour faire inventaire, organisé par Justinien[4], ne court pas contre eux[5].

« Ils sont exempts des peines sévères de la loi *Cornelia, De falsis*[6].

Un avantage commun à ces diverses personnes, c'est que le privilége suppose évidemment que, jusqu'à preuve du contraire, l'ignorance du droit, comme une erreur de fait, est justifiée par l'existence seule de l'acte discuté.

---

Pour finir, résumons-nous en quelques lignes.

Traitant d'abord des exceptions motivées par l'erreur aux règles nécessaires de la création des actes juridiques, nous avons dit qu'au point de vue d'une théorie générale des effets de l'erreur, il n'y avait pas lieu d'en tenir compte.

---

1. L. 22, pr., C., *De jur. delib.* (vi, 30); — l. 1. pr., *De test. mil.* (xxix, 1); — pr., J., *De milit. test.* (ii, 2).
2. L. 9, § 1, *De jur. et fact. ign.* (xxii, 6).
3. L. 1, C., *De restit. mil.* (ii, 51).
4. § 5, J., *De hered. qual.* (ii, 19). — Voy. l. 22, pr., C., *De jur. delib.* (vi, 30).
5. L. 22, § 15, C., *De jur. delib.* (vi, 30).
6. L. 5. C., *De his qui sibi adscrib.* (xi, 23). — Malgré la remise de la peine, le legs n'en est pas moins nul.

Passant ensuite à l'étude de la nature légale de l'action réfléchie et raisonnée, reconnue comme rapport de droit, qui s'est régulièrement produite sous l'influence d'une erreur, nous avons cru démontrer qu'à quelques exceptions près, les effets de l'erreur étaient alors, selon l'élément de l'acte juridique qu'elle affectait, régis par des règles précises et certaines qui ne laissaient place à aucune distinction entre les erreurs.

# POSITIONS

---

### DROIT CIVIL ROMAIN.

I. Rapporter faussement une espèce à une règle constitue une erreur de droit.

II. Dans la législation classique, tous les fruits cueillis par le possesseur de bonne foi lui appartiennent.

III. La *bona fides* et la *justa causa* sont deux conditions distinctes de l'usucapion.

IV. La définition de la *justa causa* donnée par les *Institutes* n'est pas assez générale.

V. Le titre putatif est quelquefois considéré comme une véritable *justa causa*.

VI. Avant Justinien, les biens pupillaires étaient susceptibles d'usucapion.

VII. L'erreur de droit n'exclut pas la répétition de l'indû.

VIII. Les exceptions à la règle de la parfaite validité des actes juridiques, malgré une erreur sur les qualités accessoires de leur objet, sont fondées sur l'excusabilité de l'erreur commise, sans qu'il y ait lieu d'établir une distinction de principe entre les erreurs de fait et les erreurs de droit.

IX. La *bonorum possessio* ne présente rien de particulier par rapport à une théorie générale des effets de l'erreur.

---

# DROIT FRANÇAIS.

## CODE NAPOLÉON.

I. L'erreur commune ne peut, comme telle, nous revêtir de qualités qui ne nous appartiennent pas réellement.

II. Quels que soient les vices d'un titre de sa nature translatif de propriété, il peut servir de base à l'usucapion.

III. La connaissance d'un vice relatif de son titre d'acquisition n'empêche pas le possesseur d'être de bonne foi.

IV. Le titre translatif de propriété est une condition *sine qua non* de l'acquisition des fruits de la chose d'autrui comme de l'usucapion.

V. Le possesseur de bonne foi a droit aux fruits civils en proportion de la durée de sa jouissance.

VI. La condition suspensive doit être, en ce qui concerne l'usucapion, assimilée à la condition résolutoire.

VII. Tant pour l'acquisition des fruits que pour la prescription acquisitive, la bonne foi n'est nécessaire qu'au moment où la mutation est déterminée.

VIII. En principe, l'erreur de droit ne se distingue pas de l'erreur de fait.

IX. Les articles 146 et 180 du Code Napoléon prévoient des hypothèses différentes.

X. Il appartient au juge de décider sans contrôle, d'après les circonstances de l'espèce, quelles sont les qualités constitutives de la personne civile (art. 180).

XI. Les articles 201 et 202 ne sont pas applicables en

cas de mariage radicalement nul, mais seulement en cas de mariage simplement annulable.

XII. L'article 1132 n'a pas été rédigé en vue d'une question de preuve.

XIII. Le sous-acquéreur de bonne foi n'est pas attaquable du chef de l'article 1167, à moins qu'il n'ait été *conscius fraudis* ou qu'il ne s'agisse d'actes à titre gratuit.

XIV. Le temps de la rescision (article 1304) est un délai, non une prescription.

XV. Il est de l'essence même des transactions que l'erreur de droit y soit tenue pour non advenue.

XVI. En matière d'aveu, une distinction entre les erreurs de fait et les erreurs de droit est sans utilité.

### CODE DE COMMERCE.

La faillite d'une société de commerce entraîne la faillite de chacun des associés solidaires et responsables.

### DROIT ADMINISTRATIF.

Les ministres sont juges ordinaires et de droit commun en matière de contentieux administratif.

### CODE PÉNAL.

L'aggravation de peine résultant d'une circonstance personnelle à l'auteur principal ne doit pas nuire à son complice.

### ANCIEN DROIT.

I. Le droit des assises de Jérusalem est le premier qui ait consacré le principe de la communauté de biens entre époux.

.II. La convention par laquelle la femme consentait à n'avoir point de douaire si elle survivait à son mari ne fut autorisée que très-tard ; cette innovation, contraire à l'origine historique du douaire, est une conséquence du progrès libéral de la législation relativement à la condition de la femme.

## DROIT DES GENS.

I. L'enrôlement de volontaires toléré par un neutre chez lui, au profit d'un belligérant, constitue une violation de la neutralité.

II. Est-il conforme aux saines maximes du droit public qu'un État étende sa garantie financière à l'exploitation de chemins de fer situés dans une contrée étrangère ?

*Vu par le Président de la thèse :*

ALPH. CHAMBELLAN.

*Vu :*

Le doyen,

COLMET-D'AAGE.

*Vu et permis d'imprimer :*

Le Vice-Recteur de l'Académie de Paris,

A. MOURIER.

# TABLE DES MATIÈRES





PARIS. — J. CLAYE, IMPRIMEUR. 7, RUE SAINT-BENOIT. — [946]